FAMILIA ZERO

# FAMILIA ZERO

Cómo sobrevivir a los psicópatas en familia

## DR. IÑAKI PIÑUEL

la esfera ⊕ de los libros

Primera edición: febrero de 2025

© Iñaki Piñuel, 2020, 2025
© La Esfera de los Libros, S.L., 2025
Avenida de San Luis, 25
28033 Madrid
Tel.: 91 443 50 00
*www.esferalibros.com*

ISBN: 978-84-1384-956-0
Depósito legal: M. 24.217-2024
Fotocomposición: J. A. Diseño Editorial, S.L.
Impresión y encuadernación: Huertas
Impreso en España-*Printed in Spain*

# Índice

PARTE II
## TIPOS DE FAMILIA ZERO Y
## TIPOS DE REACCIONES AL TRAUMA
## INTRAFAMILIAR

PARTE III
## LAS SECUELAS PSICOLÓGICAS Y RELACIONALES
## DE LA FAMILIA ZERO Y CÓMO SUPERARLAS

## PARTE IV
## PSICOTERAPIA ZERO:
## LAS SEIS FASES PARA SUPERAR EL TRAUMA
## DE UNA FAMILIA ZERO

*Vino a los suyos y los suyos no le recibieron.*

(Jn 1, 11)

*Este libro está dedicado a todos cuantos vinieron a este mundo*
*y los suyos no los recibieron.*

«En aquel tiempo llegaron la madre de Jesús y sus hermanos, desde fuera lo mandaron llamar porque decían que estaba fuera de sí. La gente que tenía sentada a su alrededor le dijo: "¡Oye!, tu madre, tus hermanos y tus hermanas están fuera y te buscan". Él les responde: "¿Quién es mi madre y mis hermanos?". Y, mirando en torno a los que estaban sentados en corro, a su alrededor, dice: "¡Estos son mi madre y mis hermanos!"».

EVANGELIO DE MARCOS

# Introducción

Durante los últimos años he desarrollado una intensa labor de divulgación en todo lo referente al acoso en sus diferentes manifestaciones.

Mi trabajo de investigación sobre el *mobbing* y el *bullying* (acoso laboral y acoso escolar)[*] me llevó muy pronto a enfrentarme a la raíz común del problema: los individuos que originan y causan estos terribles procesos de victimización sin par, es decir, los psicópatas integrados.

Con el paso de los años he tratado a víctimas de todo tipo de procesos de acoso, y de una manera más especial a las víctimas de los psicópatas integrados. En especial a las víctimas de los denominados «amores psicopáticos», esto es, las personas que han sufrido, casi siempre sin entender nada, el abuso emocional de todo tipo de psicópatas integrados en las relaciones amorosas de pareja.

Gracias a una acumulación ingente de experiencia con tantas víctimas de lo que yo denominé «el Amor Zero»[**] (un proceso de emparejamiento totalmente aparente y fraudulento que tiene de «amor» solamente el nombre), escribí en 2014 un libro, manual esencial para ayudar a estas víctimas a detectar a tiempo a tales

---

[*] Véase la bibliografía del autor al final del libro.

[**] *Amor Zero. Cómo sobrevivir a los amores con psicópatas*, La Esfera de los Libros, Madrid, 2016.

individuos y a sobrevivir a las relaciones de pareja con psicópatas integrados.

Dicho manual, publicado por esta editorial y ya en su 5.ª edición, se ha convertido en un *best seller* mundial como libro de cabecera esencial y de referencia para el número abrumador de personas que por todo el mundo han sido devastadas por los «amores psicopáticos».

Leer a tiempo ese libro ha salvado literalmente la vida a miles de personas, destruidas, víctimas de abusos, consumidas por relaciones psicopáticas, muchas de ellas al borde de la desesperación por no entender nada de lo que les estaba ocurriendo.

El testimonio recibido de esas personas a través del grupo de Facebook denominado «Comunidad Zero», de mi canal YouTube o del correo electrónico (*dr@inakipinuel.com*) ha supuesto durante estos años la constatación de una verdadera epidemia que genera a diario en todo el mundo un largo reguero de víctimas, muy frecuentemente devastadas para el resto de sus vidas.

Merced a su capacidad de pasar desapercibidos, a su encanto personal y a la ingenuidad e ignorancia de la mayoría, los psicópatas integrados irradian un tipo de toxicidad mental y emocional de «guante blanco», que expande la destrucción por doquier. Arrasan a la vez que seducen a víctimas completamente desprevenidas e indefensas ante sus juegos de manipulación.

A tenor de la investigación más reciente, podemos decir que hoy sabemos que un psicópata al final de su existencia habrá arrasado a un promedio de setenta víctimas, que habrán quedado destruidas por el huracán del abuso psicopático.

Generalmente las víctimas de los psicópatas integrados no suelen ser capaces de identificarlos como tales y los suelen confundir con personas egoístas, difíciles o con algún problema psicológico menor, como una adicción, un vicio o similares.

Son víctimas de su enorme capacidad de camuflaje y de la seducción. Pero también suelen presentar una típica vulnerabilidad que se remonta a sus familias de origen, que en muchos casos podríamos considerar familias disfuncionales o *Familias Zero*.

Las Familias Zero pasan, al igual que los psicópatas integrados, desapercibidas. Son trivializadas y banalizadas por sus miembros y juzgadas por todos como familias normales.

Los miembros de un núcleo familiar disfuncional tienen, como veremos más adelante, mucha mayor dificultad a la hora de darse cuenta a tiempo y escapar al influjo destructivo de todo tipo de abusadores, y muy especialmente de los psicópatas integrados.

Para las víctimas de numerosos tipos de abusos resulta muy difícil darse cuenta a tiempo y salir indemnes del contacto con sus abusadores, debido a una vulnerabilidad previa ignorada y trivializada en su familia tóxica de origen. Suelen haber padecido de forma encubierta a un padre, una madre o unos hermanos que fueron simple y llanamente sus primeros y más tempranos abusadores.

El estilo de vida parasitario, la autopropaganda, el bombardeo amoroso y las tremendas capacidades de encanto, seducción y manipulación de un psicópata integrado explican lo difícil que resulta hacer que sus víctimas entiendan su situación real. Durante el proceso de Psicoterapia Zero la víctima desarrolla una feroz resistencia a aceptar que no está ante un simple conflicto relacional, profesional o familiar, sino que se enfrenta a una amenaza inquietante: un agresor sin barreras, con cero escrúpulos y cero conciencia.

Son necesarias numerosas y arduas sesiones de psicoterapia y tratamiento de recuperación emocional antes de que una persona traicionada por su pareja, un trabajador acosado, un socio estafado entiendan y acepten que su agresor no es alguien ordinario o normal, sino que se trata de un psicópata integrado.

La probabilidad de identificar a un psicópata integrado es mucho más reducida cuando la víctima procede de un tipo de familia que yo denomino Familia Zero, es decir, una familia generadora de la formidable herida vital y existencial que conduce a la víctima a normalizar y trivializar todo tipo de abusos en su vida adulta.

Los fuertes vínculos de apego parental y familiar propios de la especie de mamíferos altamente socializados que somos condenan de antemano a cualquier víctima de una Familia Zero a desplegar potentes mecanismos de ajuste a dicha familia en forma de negación, racionalización, trivialización y banalización de la conducta destructiva de sus familiares más tóxicos, muy frecuentemente personalidades maquiavélicas, narcisistas malignos o, lisa y llanamente, psicópatas integrados.

A nadie debería sorprender que un psicópata integrado sea perfectamente capaz de destrozar y dejar hechos polvo a sus propios padres, a sus hermanos, a sus hijos, a sus nietos o a otros miembros de su círculo familiar. Un psicópata no lo es a tiempo parcial, ni por temporadas, y su labor destructiva suele afectar a los miembros de su propia familia.

Los psicópatas integrados son también padres y madres de familia. Los miembros de su entorno familiar suelen convertirse muy tempranamente en un tipo de víctimas encubiertas completamente inconscientes, merced a la manipulación y a la disonancia cognitiva que generan siempre estos camaleones sociales.

No todos los progenitores de las Familias Zero presentan una psicopatía, ni mucho menos. Las Familias Zero pueden tener diversas configuraciones, tal y como veremos más adelante.

Un niño que ha sido sometido al doble vínculo del abuso familiar zero vive la seducción y el encantamiento junto a la humillación, ya que la Familia Zero combina la propaganda con la manipulación por la vergüenza y la culpa.

El niño, hoy adulto, se encuentra muy lejos de poder reconocer en su abusador adulto (su acosador laboral, su pareja abusadora, su socio *oportunista* o su amigo parasitario) el perfil de un psicópata integrado.

El abuso de las Familias Zero combina la parte aparentemente positiva en forma de seducción, bombardeo amoroso e idealización con la parte más oscura del abandono, el caos, la indisponibilidad y la negligencia parental.

Algunos progenitores zero, incapaces de cuidarlos o amarlos incondicionalmente, seducen a sus hijos.

Incapaces de protegerlos, despliegan a cambio la propaganda parental para proclamarse buenos padres y madres.

Inhábiles para dotarles de una educación coherente y un tipo de apego seguro y resistente, simulan y proyectan una apariencia social benevolente e impecable, que no resiste el contraste de la realidad de los hechos.

Algunos de estos progenitores zero son narcisistas a los que nada les importa, excepto sacar ventaja de todo y de todos como meros objetos de usar y tirar, incluidos sus propios hijos. Nadie les importa excepto ellos mismos. En el extremo de ese narcisismo maligno encontraremos el progenitor zero más psicopático.

Otros pueden ser alcohólicos o adictos al juego, al sexo, a la medicación o a las sustancias más variopintas y ello les hace inhábiles para cuidarse a sí mismos y a su prole.

Otros tipos de progenitores zero presentan depresiones o trastornos de la personalidad más o menos severos, que comprometen su labor parental y les impiden atender las necesidades de sus hijos.

Los más evidentes serán los violentos y maltratadores que convertirán a sus familias y a sus hijos en los reclusos de un campo de concentración donde el maltrato doméstico, los abusos físicos, sexuales y las violaciones de todo tipo serán una tónica habitual.

Los hijos de todos estos tipos de Familias Zero compartirán un destino trágico común: el de convertirse en su vida adulta en vulnerables a la disonancia cognitiva, la trivialización y la negación de los peores abusos, humillaciones, manipulaciones y enganches.

Gracias a la experiencia sufrida en las Familias Zero de sus víctimas, los abusadores más maquiavélicos, narcisistas o psicopáticos permanecerán ocultos y camuflados y pasarán muchos años, incluso décadas, antes de que aquellos niños, hoy adultos, puedan zafarse de ellos.

Este libro pretende explicarte cómo los procesos psicológicos en entornos familiares abusivos de origen propician hasta un extremo desconocido la paralización y la indefensión del adulto ante ulteriores abusos.

Describe y analiza cómo los enganches adultos en relaciones tóxicas y abusivas tienen origen en una infancia en un tipo de familias nocivas y tóxicas que denominamos Familias Zero.

La presión psicológica interna que nos fuerza a apegarnos a nuestros progenitores a cualquier precio y el mecanismo de apego al maltratador, propio de los traumas psicológicos relacionales, se suman a la presión de un sistema social que declara a la familia biológica y los vínculos familiares como «sagrados» o intocables y conducen a este desastre anunciado en la vida adulta.

Estos mecanismos son condicionantes muy poderosos, ante los cuales las víctimas del abuso y la negligencia familiar tienen muy pocas oportunidades.

En lugar de identificar el peligro y escapar mediante el «Contacto Cero para siempre» de sus relaciones abusivas, el condicionamiento de una infancia vivida en Familias Zero las lleva a perseverar en ellas.

De este modo, todo tipo de personajes fríos, oportunistas, sin conciencia y sin remedio alguno mantienen a su merced a sus víctimas a lo largo de vidas enteras, apoyados en sus antiguas heridas de infancia.

*Familia Zero* es un manual de supervivencia para poder identificar a tiempo la vulnerabilidad ante el abuso y el maltrato que tienen en su vida adulta las víctimas que proceden de una familia tóxica.

Conociendo y trabajando interiormente esos patrones de indefensión aprendidos en los diferentes tipos de Familias Zero, las víctimas adultas de muchos psicópatas integrados y de otros abusadores pueden tener una oportunidad de identificar a tiempo sus estilos abusivos y parasitarios, antes de que puedan destruir su vida, sus emociones, su resistencia psicológica o su salud mental.

*Familia Zero* puede servir también a las personas que en la vida adulta siguen enmarañadas en relaciones destructivas con sus progenitores tóxicos. Son cada vez más los que acuden a nuestros talleres o centros de recuperación emocional y cuentan que, habiendo sido víctimas de una Familia Zero, repitieron la misma experiencia con una pareja psicopática (Amor Zero).

Merced a la divulgación de nuestro trabajo de «vacunación social antipsicopática», muchas víctimas van adquiriendo una consciencia que les permite crear sus propios «anticuerpos antipsicopáticos», un recurso que libros como este pueden ofrecer a las víctimas.

La experiencia del paso de un psicópata por la propia vida siempre es devastadora. Si el psicópata integrado es un miembro de tu familia y no lo sabes, puedes quedar condenado a un martirio interminable, años de rompecabezas mentales, preguntas sin respuestas, disonancia cognitiva, confusión, vergüenza, sentimientos de culpa. Y al final posiblemente te quedes vacío y sin energía, consumido emocionalmente.

Si has sufrido en tus propias carnes el proceso de «violación del alma» de una Familia Zero, te animo a que leas este libro y a que apliques las medidas de recuperación que en él se proponen.

También te animo a que te conviertas en divulgador de este conocimiento innovador entre aquellos que puedan necesitarlo dentro de tu entorno inmediato, pues la mayoría de las víctimas de una Familia Zero no saben que lo son e ignoran las consecuencias dramáticas de serlo.

A medida que vayas avanzando en el libro, irás adquiriendo consciencia de que todo apunta a que nos encontramos ante un imparable proceso de *psicopatización* creciente y masiva de nuestra sociedad.

Podrás reconocer a tu alrededor numerosos casos de víctimas de relaciones abusivas que anteriormente fueron víctimas en el seno de sus Familias Zero, y así ayudarlas decisivamente a salir adelante con el discernimiento, el trabajo interior y el conocimiento para la recuperación que promueve este libro.

Si eres la víctima directa de un psicópata integrado en cualquiera de sus materializaciones, máscaras o facetas, este libro va a ayudarte a tomar decisiones difíciles, pero acaso salvadoras de tu vida, que implican volver sobre un pasado familiar zero y cerrar así la vulnerabilidad de origen que abrió tu alma al predador y facilitó tu destrucción.

Te animo a que te adentres en el conocimiento y reconocimiento siempre doloroso del proceso de victimización en tus orígenes familiares zero y a que te aprestes a recuperarte y salir adelante, con la convicción de que «hay vida más allá de los psicópatas» de miles de víctimas que escaparon y sobrevivieron al huracán psicopático.

Este libro te lo mostrará y te explicará cómo escapar y resucitar de esa muerte y alcanzar una vida verdadera más allá de la psicopatía.

¡Mucho ánimo y feliz Contacto Cero!

# Un test para comenzar:

## ¿PROCEDES DE UNA FAMILIA ZERO?

1.  Miras a la gente a tu alrededor en la calle o en una fiesta y te dices: «Me gustaría haber sido como ellos».
2.  Te dices a ti mismo que si supieran lo que estás pensando quedarían decepcionados de ti.
3.  Amas a tu mujer y a tus hijos y los cuidas y proteges, pero te encuentras distante, despegado o temeroso ante esas relaciones.
4.  Sientes que todo va bien en tu vida y es perfecto hasta que descubres que tu hijo es alcohólico, drogadicto, bulímico, se ha fugado de casa o se ha intentado suicidar.
5.  Estás crónicamente subempleado y atascado en trabajos por debajo de tus capacidades o de tu potencial, que aguantas solo porque te sientes perdido, inadecuado o lleno de miedos.
6.  Tienes un problema con el alcohol, con las drogas o con la comida.
7.  Eres un experto en cefaleas y migrañas, o un *vigoréxico*, o un maestro en relaciones amorosas fallidas.
8.  Puedes ser el «rey del mambo» de tu entorno social, aunque te sientes solo en medio de toda esa gente pese a tu éxito o riqueza.
9.  Creciste en una familia caótica, en medio del alcoholismo, el incesto, la violencia y los abusos emocionales y espirituales.

10. Te sientes paralizado porque los abusos en tu familia eran tan encubiertos y secretos que no puedes siquiera permitirte encararlos o hacer algo para salir de eso.

11. Eras comparado sistemáticamente con un hermano o hermana que iba bien en los estudios.

12. Algunas personas de tu entorno fueron llevadas a pensar de ti que solo podrías ser valioso como fontanero, electricista, médico, abogado o psicólogo, pero no como ser humano.

13. Tuviste que aprender a sobrevivir en una familia «al borde de un ataque de nervios», en la que papá trabajaba mucho en varios sitios y mamá estaba abrumada cuidando a sus cuatro hijos y donde todo el mundo estaba siempre agotado y al límite.

14. Fuiste olvidado o abandonado emocionalmente, porque nadie estaba presente para cuidar de ti.

15. Aunque recibiste alimento y cuidados materiales, te faltaron el consuelo y la atención a tus necesidades emocionales.

16. Te consintieron o mimaron o sedujeron hasta el punto de que permaneciste en el nido sin independizarte mucho más tiempo que la mayoría de los compañeros de tu edad.

17. Te da miedo la gente, y especialmente temes a las figuras de autoridad.

18. Aterrorizas a los tuyos o los controlas para que vivan aislados del mundo para poder dominarlos mejor.

19. Militas fervientemente en una religión o eres rabiosamente ateo.

20. Usas y abusas de la gente o eres usado y abusan de ti.

21. Eres alguien que solo sonríe, solo llora, solo siente temor o tristeza.

22. Te empeñas tanto que siempre pierdes, o te empeñas tan poco que jamás vives la vida.

23. Das la imagen de ser el hombre perfecto o la mujer perfecta.

24. No te sientes de ningún lugar ni te sientes en casa en ningún sitio (no tienes dónde reclinar la cabeza).

25. Sientes que estás deprimido o cabreado.

26. Vives con una sensación de vacío o de estar siempre sumido en el caos.

27. Vives en una montaña rusa emocional o en el vacío del aburrimiento constante.

28. Sonríes aunque por dentro estés llorando o te enfadas para no sentirte triste.

29. Te abandonas a ti mismo aunque estés siempre cuidando a alguien.

30. Cuando te sientes infeliz lo ocultas para que nadie se entere de que eres humano, o incluso te vuelves invisible para que nadie lo sepa.

31. Tienes problemas para relacionarte con tu hijo, con tu hija o con ambos.

32. Puedes hacer el amor, pero no sientes conexión, ni intimidad, ni puedes «dejarte ir» en el sexo.

33. Estás pendiente de los demás todo el tiempo, para detectar a la mínima ocasión, como si tuvieras un radar, si todo va bien o no.

34. Te notas mejor que algunos y peor que otros, pero nunca te sientes perteneciente a grupo alguno.

35. Te sientes atrapado en un tipo de vida que nunca elegiste.

36. Te sientes anclado en el pasado, preocupado por el futuro y siempre ansioso en el presente.

37. Trabajas hasta la extenuación sin saber muy bien el motivo.

38. Nunca estás satisfecho.

39. Temes al Señor o siempre esperas que Él te saque las castañas del fuego.

40. Temes o detestas a la gente que es diferente de ti.

41. Te metes en relaciones de amistad y luego no sabes cómo salir de ellas.

42. Estás apegado a cosas, costumbres o rituales de un modo obsesivo.

43. Proyectas tus conflictos internos sobre tus propios hijos.

44. Te avergüenza tu cuerpo o tu apariencia física.

45. No sabes la razón por la que estás aquí.

46. Sufres «a chorros», todo lo que puede sufrir un ser humano.

47. Ves a un policía y te sientes por dentro como si hubieras hecho algo malo.

48. Sacrificas tu dignidad a cambio de una falsa seguridad.

49. Demandas amor, pero rara vez lo alcanzas.

50. Pides las cosas en lugar de ir directamente a por ellas y conseguir lo que quieres o necesitas por ti mismo.

51. Anhelas siempre lo mejor o te esperas lo peor, pero nunca disfrutas del momento presente.

52. Cuando estás cenando solo en un restaurante, te parece que la humanidad tiene como fin hacerte sentir mal.

53. Sientes que nunca nadie está ahí para atender a tus preguntas y darte las respuestas.

54. Sales huyendo cada vez que te enamoras o te olvidas de ti mismo cuando entras en una relación de pareja.

55. Mimas a los que amas, crujes a los que amas, o ambas cosas a la vez.

56. Has cambiado el rumbo de la historia gracias a tu actuación o bien vives en total anonimato y olvidado.

57. Al crecer odiaste a tus padres, o bien los mantuviste en el pedestal de la idealización infantil, pero nunca los pudiste ver como los seres humanos falibles y limitados que todos somos.

58. Te sientes culpable por el modo en que fuiste tratado en comparación con tus hermanos, o sientes celos por cómo fueron tratados ellos en comparación contigo.

59. Odias a tu padre y sobreproteges a tu madre, o bien odias a tu madre y sobreproteges a tu padre.

60. Fuiste abusado sexualmente por alguien cuando tenías cinco años y te culpas por no haberlo visto venir o haber dejado hacer al agresor.

61. Tuviste a uno de tus padres crónicamente enfermo mientras eras pequeño.

62. Tuviste a uno de tus padres con una depresión o una enfermedad mental cuando eras pequeño.

63. No tuviste padre, o madre, o ninguno de los dos cuando eras pequeño, o murieron o desaparecieron para no volver nunca más.

64. Eres un superviviente que rezas por dentro para que algún día tu vida sea algo más que mera supervivencia.

65. Eres un amante de la vida que esperas que algún día algo o alguien libere al niño interior que está prisionero dentro de ti.

Si presentas estos y otros muchos síntomas en tu vida, este libro es para ti. Sufres el impacto diferido en el tiempo de una Familia Zero.

La manifestación de esta experiencia en tu vida supone para ti una serie de síntomas que:

1. Niegan y dan la espalda a la dolorosa realidad que fueron tu infancia y tu familia de origen.

2. Crean la necesidad de estar siempre alerta y controlarlo todo.

3. Surgen como una respuesta habitual cada vez que te enfrentas a algún tipo de estrés o vivencia dolorosa.

4. Son un modo de protegerte de un dolor que de niño no pudiste evitar.

5. Suponen la negación y represión de sentimientos dolorosos.

6. Bloquean la intimidad y tus relaciones cercanas con los demás de distintos modos.

7. Suponen para ti vergüenza y humillación, y tienes que ocultarlos.

Tus síntomas psicológicos y físicos suponen experimentar en tu vida de manera recurrente un infierno, en el que sufres habitualmente:

- Ansiedad.
- Sentimientos de culpa.
- Depresión.
- Obsesiones y conductas obsesivas.
- Adicción a sustancias.
- Baja autoestima.
- Trastornos de la personalidad.
- Miedos y fobias.
- Dependencia de los demás.
- Histrionismo.
- Problemas sexuales.
- Suspicacia y paranoia.
- Problemas de relación y con la intimidad.
- Disociación.
- Anhedonia.
- Introversión y retraimiento social.
- Problemas de concentración.
- Ataques de ira.
- Baja tolerancia a la frustración.
- Respuestas pasivo/agresivas.
- Problemas de asertividad.
- Incapacidad de experimentar alegría.
- Búsqueda de aprobación y afán de agradar a los demás.
- Vacío y problemas de identidad.
- Alcoholismo.
- Anorexia.
- Bulimia.
- Vigorexia.
- Ludopatía.

- Accidentabilidad.
- Dolores crónicos.
- Fibromialgia.
- Cefaleas tensionales y migrañas.
- Palpitaciones.
- Gastritis, diarreas, problemas digestivos.
- Problemas de sueño.
- Tensión muscular.
- Bruxismo.
- *Flashbacks.*

Te ocurriera lo que te ocurriera en tu Familia Zero de origen, sucedió ya hace mucho tiempo. Fue muchas veces, pero ya pasó.

Causó en ti numerosas heridas interiores, no porque fueras culpable o merecedor de ello.

Tuviste que salir adelante y sobrevivir como pudiste y protegerte del único modo que un niño podía sobrevivir.

Hoy todavía sigues protegiéndote, pero ya no funciona el viejo mecanismo.

No elegiste ni mereciste ser víctima, pero hoy puedes elegir dejar de serlo.

Hoy comienza tu recuperación.

# PARTE I

## EL TRAUMA DE TRAICIÓN ORIGINAL EN LAS FAMILIAS ZERO

# 1

# EL CUENTO DE BLANCANIEVES COMO MODELO DE APRENDIZAJE VITAL PARA LAS VÍCTIMAS DEL ABUSO FAMILIAR

Después de muchos años de trabajar en la recuperación emocional de las víctimas de psicópatas, narcisistas y otras malas hierbas, he descubierto el modo más rápido y efectivo de explicar a mis pacientes victimizados y destrozados cómo funcionan los psicópatas y demás narcisistas malignos y su proceso de violación del alma de sus víctimas.

Les cuento, y analizamos juntos, el cuento de *Blancanieves y los siete enanitos*.

En mi opinión este cuento funciona como una especie de arquetipo de todo lo que se va a encontrar una persona que sufra en su vida un proceso de abuso narcisista y psicopático por parte de alguien cercano, como puede ser un familiar, una pareja o un compañero de trabajo.

Nuestra tradición oral y escrita está repleta de cuentos para los niños que tienen como verdadero objetivo ser «vacunas psicológicas», que intentan dar cuenta, de manera sencilla, de problemas complejos y difíciles de comprender.

El cuento es original de los hermanos Grimm y fue publicado en 1812. Al parecer se basa en la existencia real de una bella y joven noble alemana, envidiada y acosada por su madrastra.

Érase una vez, en pleno invierno, una reina que se dedicaba a la costura sentada cerca de una ventana con marco de ébano negro. Los copos de nieve caían del cielo como plumones. Mirando nevar, se pinchó un dedo con su aguja y tres gotas de sangre cayeron en la nieve. Como el efecto que hacía el rojo sobre la blanca nieve era tan bello, la reina se dijo:

—¡Ojalá tuviera una niña tan blanca como la nieve, tan roja como la sangre y tan negra como la madera de ébano!

Poco después tuvo una niñita que era tan blanca como la nieve, tan encarnada como la sangre y cuyos cabellos eran tan negros como el ébano.

Por todo eso fue llamada Blancanieves. Y al nacer la niña, la reina murió.

Un año más tarde el rey tomó otra esposa. Era una mujer bella, pero orgullosa y arrogante, y no podía soportar que nadie la superara en belleza. Tenía un espejo maravilloso y cuando se ponía frente a él, mirándose, le preguntaba:

—¡Espejito, espejito de mi habitación! ¿Quién es la más hermosa de esta región?

Entonces el espejo respondía:

—La reina es la más hermosa de esta región.

Ella quedaba satisfecha, pues sabía que su espejo siempre decía la verdad.

Pero Blancanieves crecía y se embellecía cada vez más; cuando alcanzó los siete años era tan bella como la clara luz del día y aun más linda que la reina.

Ocurrió que un día cuando le preguntó al espejo:

—¡Espejito, espejito de mi habitación! ¿Quién es la más hermosa de esta región?

El espejo respondió:

—La reina es hermosa, pero la linda Blancanieves lo es mucho más.

Entonces la reina tuvo miedo y se puso amarilla y verde de envidia. A partir de ese momento, cuando veía a Blancanieves el corazón le daba un vuelco en el pecho, tal era el odio que profesaba a la niña. Y su envidia y su orgullo crecían cada día más, como una mala hierba, de tal modo que no encontraba reposo, ni de día ni de noche.

Entonces hizo llamar a un cazador y le dijo:

—Lleva a esa niña al bosque; no quiero que aparezca más ante mis ojos. La matarás y me traerás sus pulmones y su hígado como prueba.

El cazador obedeció y se la llevó, pero, cuando quiso atravesar el corazón de Blancanieves, la niña se puso a llorar y exclamó:

—¡Mi buen cazador, no me mates! Correré hacia el bosque espeso y no volveré nunca más.

Como era tan linda, el cazador tuvo piedad y dijo:

—¡Corre, pues, mi pobre niña!

Pensaba, sin embargo, que las fieras pronto la devorarían. No obstante, no tener que matarla fue para él como si le quitaran un peso del corazón. Un cerdito venía saltando; el cazador lo mató, extrajo sus pulmones y su hígado y los llevó a la reina como prueba de que había cumplido su misión. El cocinero los cocinó con sal y la mala mujer los comió creyendo comer los pulmones y el hígado de Blancanieves.

Por su parte, la pobre niña se encontraba en medio de los grandes bosques, abandonada por todos y con tal miedo que todas las hojas de los árboles la asustaban.

No tenía idea de cómo arreglárselas y entonces corrió y corrió sobre pedruscos afilados y a través de las zarzas. Los animales salvajes se cruzaban con ella, pero no le hacían ningún daño.

Corrió hasta la caída de la tarde; entonces vio una casita a la que entró para descansar. En la cabañita todo era pequeño, pero tan lindo y limpio como se pueda imaginar.

Había una mesita pequeña con un mantel blanco y sobre él siete platitos, cada uno con su pequeña cuchara, más siete cuchillos, siete tenedores y siete vasos, todos pequeños. A lo largo de la pared estaban dispuestas, unas junto a las otras, siete camitas cubiertas con sábanas blancas como la nieve. Como tenía mucha hambre y mucha sed, Blancanieves comió trozos de legumbres y de pan de cada platito y bebió una gota de vino de cada vasito.

Luego se sintió muy cansada y se quiso acostar en una de las camas. Pero ninguna era de su medida; una era demasiado larga, otra un poco corta, hasta que finalmente la séptima le vino bien. Se acostó, se encomendó a Dios y se durmió.

Cuando cayó la noche, volvieron los dueños de la casa; eran siete enanos que excavaban y extraían metal en las montañas. Encendieron sus siete farolitos y vieron que alguien había venido, pues las cosas no estaban en el orden en que las habían dejado.

Descubrieron a Blancanieves, acostada y dormida.

—¡Oh, Dios —exclamaron—, qué bella es esta niña!

Y sintieron una alegría tan grande que no la despertaron y la dejaron proseguir su sueño. El séptimo enano se acostó una hora con cada uno de sus compañeros y así pasó la noche.

Al amanecer, Blancanieves despertó y, viendo a los siete enanos, tuvo miedo. Pero ellos se mostraron amables y le preguntaron:

—¿Cómo te llamas?

—Me llamo Blancanieves —respondió ella.

—¿Cómo llegaste hasta nuestra casa?

Entonces les contó que su madrastra había querido matarla, pero el cazador había tenido piedad de ella permitiéndole correr durante todo el día hasta encontrar la casita.

Los enanos le dijeron:

—Si quieres hacer la tarea de la casa, cocinar, hacer las camas, lavar, coser y tejer y si tienes todo en orden y bien limpio, puedes quedarte con nosotros; no te faltará nada.

—Sí —respondió Blancanieves—, acepto de todo corazón. —Y se quedó con ellos.

Blancanieves tuvo la casa en orden. Por las mañanas los enanos partían hacia las montañas, donde buscaban los minerales y el oro, y regresaban por la noche. Para entonces la comida estaba lista.

Durante todo el día la niña permanecía sola; los buenos enanos la previnieron:

—¡Cuídate de tu madrastra; pronto sabrá que estás aquí! ¡No dejes entrar a nadie!

La reina, una vez que comió los que creía que eran los pulmones y el hígado de Blancanieves, se creyó de nuevo la principal y la más bella de todas las mujeres. Se puso ante el espejo y dijo:

—¡Espejito, espejito de mi habitación! ¿Quién es la más hermosa de esta región?

Entonces el espejo respondió:

—La reina es la más hermosa de este lugar. Pero, pasando los bosques, en la casa de los enanos, la linda Blancanieves lo es mucho más.

La reina quedó aterrorizada, pues sabía que el espejo no mentía nunca. Se dio cuenta de que el cazador la había engañado y de que Blancanieves vivía.

Reflexionó y buscó un nuevo modo de deshacerse de ella, pues hasta que no fuera la más bella de la región la envidia no le daría tregua ni reposo. Cuando finalmente urdió un plan, se pintó la cara, se vistió como una vieja buhonera y quedó totalmente irreconocible.

Así disfrazada atravesó las siete montañas y llegó a la casa de los siete enanos, golpeó la puerta y gritó:

—¡Vendo buena mercadería! ¡Vendo! ¡Vendo!

Blancanieves miró por la ventana y dijo:

—Buen día, buena mujer. ¿Qué vende usted?

—Una excelente mercadería —respondió—, cintas de todos los colores.

La vieja sacó una trenzada en seda multicolor, y Blancanieves pensó:

—Bien puedo dejar entrar a esta buena mujer.

Corrió el cerrojo para permitirle el paso y poder comprar esa linda cinta.

—Niña —dijo la vieja—, ¡qué mal te has puesto esa cinta! Acércate, que te la arreglo como se debe.

Blancanieves, que no desconfiaba, se colocó delante de ella para que le arreglara el lazo. Pero rápidamente la vieja lo oprimió tan fuerte que Blancanieves perdió el aliento y cayó como muerta.

—Y bien —dijo la vieja—, dejaste de ser la más bella. —Y se fue.

Poco después, a la noche, los siete enanos regresaron a la casa y se asustaron mucho al ver a Blancanieves en el suelo, inmóvil. La levantaron y descubrieron el lazo que la oprimía. Lo cortaron y Blancanieves comenzó a respirar y a reanimarse poco a poco.

Cuando los enanos supieron lo que había pasado, dijeron:

—La vieja vendedora no era otra que la malvada reina. ¡Ten mucho cuidado y no dejes entrar a nadie cuando no estamos cerca!

Cuando la reina volvió a su casa, se puso frente al espejo y preguntó:

—¡Espejito, espejito, de mi habitación! ¿Quién es la más hermosa de esta región?

Entonces, como la vez anterior, respondió:

—La reina es la más hermosa de este lugar, pero pasando los bosques, en la casa de los enanos, la linda Blancanieves lo es mucho más.

Cuando oyó estas palabras, toda la sangre le afluyó al corazón. El terror la invadió, pues era claro que Blancanieves había recobrado la vida.

—Pero ahora —dijo ella— voy a inventar algo que te hará perecer.

Y con la ayuda de sortilegios, en los que era experta, fabricó un peine envenenado. Luego se disfrazó tomando el aspecto de otra vieja. Así vestida, atravesó las siete montañas y llegó a la casa de los siete enanos. Golpeó la puerta y gritó:

—¡Vendo buena mercadería! ¡Vendo! ¡Vendo!

Blancanieves miró desde dentro y dijo:

—Sigue tu camino; no puedo dejar entrar a nadie.

—Al menos podrás mirar —dijo la vieja, sacando el peine envenenado y levantándolo en el aire.

Tanto le gustó a la niña que se dejó seducir y abrió la puerta. Cuando se pusieron de acuerdo sobre la compra, la vieja le dijo:

—Ahora te voy a peinar como corresponde.

La pobre Blancanieves, que nunca pensaba mal, dejó hacer a la vieja, pero, apenas esta le había puesto el peine en los cabellos, el veneno hizo su efecto y la pequeña cayó sin conocimiento.

—¡Oh, prodigio de belleza! —dijo la mala mujer—, ¡ahora sí que acabé contigo!

Por suerte la noche llegó pronto trayendo a los enanos con ella. Cuando vieron a Blancanieves en el suelo, como muerta, sospecharon enseguida de la madrastra. Examinaron a la niña y encontraron el peine envenenado. Apenas lo retiraron, Blancanieves volvió en sí y les contó lo que había sucedido. Entonces le advirtieron una vez más que debería cuidarse y no abrir la puerta a nadie.

En cuanto llegó a su casa la reina, se colocó frente al espejo y dijo:

—¡Espejito, espejito de mi habitación! ¿Quién es la más hermosa de esta región?

Y el espejito respondió nuevamente:

—La reina es la más hermosa de este lugar, pero pasando los bosques, en la casa de los enanos, la linda Blancanieves lo es mucho más.

La reina, al oír hablar al espejo de ese modo, se estremeció y tembló de cólera.

—Es necesario que Blancanieves muera —exclamó—, aunque me cueste la vida a mí misma.

Se dirigió entonces a una habitación escondida y solitaria a la que nadie podía entrar y fabricó una manzana envenenada. Exteriormente parecía buena, blanca y roja, y tan bien hecha que tentaba a quien la veía; pero apenas se comía un trocito sobrevenía la muerte. Cuando la manzana estuvo pronta, se pintó la cara, se disfrazó de campesina y atravesó las siete montañas hasta llegar a la casa de los siete enanos.

Golpeó. Blancanieves sacó la cabeza por la ventana y dijo:

—No puedo dejar entrar a nadie; los enanos me lo han prohibido.

—No es nada —dijo la campesina—; me voy a librar de mis manzanas. Toma, te voy a dar una.

—No —dijo Blancanieves—, tampoco debo aceptar nada.

—¿Temes que esté envenenada? —dijo la vieja—; mira, corto la manzana en dos partes; tú comerás la parte roja y yo, la blanca.

La manzana estaba tan ingeniosamente hecha que solamente la parte roja contenía veneno. La bella manzana tentaba a Blancanieves y cuando vio a la campesina comer no pudo resistir más, estiró la mano y tomó la mitad envenenada. Apenas tuvo un trozo en la boca, cayó muerta.

Entonces la vieja la examinó con mirada horrible, rio muy fuerte y dijo:

—Blanca como la nieve, roja como la sangre, negra como el ébano. ¡Esta vez los enanos no podrán reanimarte!

Vuelta a su casa interrogó al espejo:

—¡Espejito, espejito de mi habitación! ¿Quién es la más hermosa de esta región?

Y el espejo finalmente respondió.

—La reina es la más hermosa de esta región.

Entonces su corazón envidioso encontró reposo, si es que los corazones envidiosos pueden encontrar alguna vez reposo.

A la noche, al volver a la casa, los enanitos encontraron a Blancanieves tendida en el suelo sin que un solo aliento escapara de su boca: estaba muerta. La levantaron, buscaron alguna cosa envenenada, aflojaron sus lazos, le peinaron los cabellos, la lavaron con agua y con vino, pero todo esto no sirvió de nada: la querida niña estaba muerta y siguió estándolo.

La pusieron en una parihuela. Se sentaron junto a ella y durante tres días lloraron. Luego quisieron enterrarla, pero ella estaba tan fresca como una persona viva y mantenía aún sus mejillas sonrosadas.

Los enanos se dijeron:

—No podemos meterla bajo la negra tierra.

E hicieron un ataúd de vidrio para que se la pudiera ver desde todos los ángulos, la pusieron dentro e inscribieron su nombre en letras de oro proclamando que era hija de un rey. Luego expusieron el ataúd en la montaña. Uno de ellos permanecería siempre a su lado para cuidarla. Los animales también vinieron a llorarla: primero un mochuelo, luego un cuervo y más tarde una palomita.

Blancanieves permaneció mucho tiempo en el ataúd sin descomponerse; al contrario, parecía dormir, ya que siempre estaba blanca como la nieve, roja como la sangre y sus cabellos eran negros como el ébano.

Ocurrió una vez que el hijo de un rey llegó, por azar, al bosque y fue a casa de los enanos a pasar la noche. En la montaña vio el ataúd con la hermosa Blancanieves en su interior y leyó lo que estaba escrito en letras de oro.

Entonces dijo a los enanos:

—Dadme ese ataúd; os daré lo que queráis a cambio.

—No te lo daríamos por todo el oro del mundo —respondieron los enanos.

—En ese caso —replicó el príncipe— regaládmelo, pues no puedo vivir sin ver a Blancanieves. La honraré, la estimaré como a lo que más quiero en el mundo.

Al oírlo hablar de este modo, los enanos tuvieron piedad de él y le dieron el ataúd. El príncipe lo hizo llevar sobre las espaldas de sus servidores; pero sucedió que estos tropezaron contra un arbusto y, como consecuencia de la sacudida, el trozo de manzana envenenada que Blancanieves aún conservaba en su garganta fue despedido hacia afuera. Poco después abrió los ojos, levantó la tapa del ataúd y se irguió, resucitada.

—¡Oh, Dios!, ¿dónde estoy? —exclamó.

—Estás a mi lado —le dijo el príncipe lleno de alegría.

Le contó lo que había pasado y le dijo:

—Te amo como a nadie en el mundo; ven conmigo al castillo de mi padre; serás mi mujer.

Entonces Blancanieves comenzó a sentir cariño por él y se preparó la boda con gran pompa y magnificencia.

También fue invitada a la fiesta la madrastra criminal de Blancanieves. Después de vestirse con sus hermosos trajes fue ante el espejo y preguntó:

—¡Espejito, espejito de mi habitación! ¿Quién es la más hermosa de esta región?

El espejo respondió:

—La reina es la más hermosa de este lugar. Pero la joven reina lo es mucho más.

Entonces la mala mujer lanzó un juramento y tuvo tanto, tanto miedo, que no supo qué hacer. Al principio no quería ir de ningún modo a la boda. Pero no encontró reposo hasta ver a la joven reina.

Al entrar reconoció a Blancanieves y la angustia y el espanto que le produjo el descubrimiento la dejaron clavada al piso sin poder moverse.

Pero ya habían puesto zapatos de hierro sobre carbones encendidos y luego los colocaron delante de ella con tenazas.

Se obligó a la bruja a entrar en esos zapatos incandescentes y a bailar hasta que le llegara la muerte.

La factoría Disney ha reducido y estereotipado el cuento original, privándole así de su naturaleza medicinal y preventiva en materia de psicópatas integrados y narcisistas malignos en la propia familia.

A continuación, voy a repasar contigo los diferentes *insights* o aprendizajes profundos que puede proporcionarte este cuento como vacuna antipsicópatas y antinarcisistas malignos.

# 2

# ¿EXISTEN VÍCTIMAS PROPICIATORIAS DE LOS PSICÓPATAS INTEGRADOS?

*Todo el mundo es bueno.*
MANUEL SUMMERS

*Todo el mundo es tonto.*
EL PSICÓPATA

En los cientos de entrevistas que he realizado en los últimos años con diferentes medios de comunicación, para la divulgación de los problemas de acoso moral, abuso emocional y victimización por parte de psicópatas integrados, en algún momento surge siempre la presgunta del millón.

¿Existe un perfil previo a la hora de convertirte en víctima de un psicópata integrado?

La formulación de la pregunta por parte del entrevistador suele llevar un hilo de preocupación y emoción contenida, pues cada quien se pregunta si podría tener perfil de víctima.

Lo cierto es que cualquier ser humano puede resultar victimizado por un psicópata.

Basta con que el psicópata fije su atención en una persona para que la probabilidad de escapar a sus estrategias de abuso y manipulación sea nula.

Robert Hare nos decía siempre a los psicólogos especializados que cualquiera, incluidos nosotros, los supuestos expertos, podía sucumbir a la seducción psicopática.

Nadie está exento, lo cual significa que no hay un perfil previo, de «víctima» potencial.

Cualquier ser humano que presente para un psicópata una oportunidad de abuso y depredación puede convertirse en su siguiente objetivo y en una segura víctima.

Las personas normales tienden a pensar que la gente a su alrededor es más o menos semejante a ellas. Generalmente creemos que «todo el mundo es bueno», inherentemente bueno por naturaleza, y que, si le das la oportunidad, todo ser humano alberga un potencial para hacer el bien, recapacitar y cambiar de vida.

El problema es que con los psicópatas integrados nada es así.

Pensar de este modo ingenuo nos convierte, más pronto que tarde, en sus potenciales víctimas.

Ser una buena persona no es en sí negativo ni peligroso… A menos que te cruces con un psicópata integrado.

El *buenismo* generalizado de nuestra sociedad conspira a favor de la depredación psicopática y nos convierte en víctimas propiciatorias por defecto.

Las continuas mentiras, manipulaciones y argucias que usan una y otra vez suelen dejarnos atónitos y ello explica nuestra incapacidad para creer que realmente son así.

Para cualquiera que se enfrente a ellos es difícil aceptar que no les importamos nada en absoluto y que nos ven como meros objetos o instrumentos para conseguir sus fines a costa de lo que sea y de quien sea, pues carecen de remordimientos o de conciencia moral alguna.

El cuento de Blancanieves nos ofrece una primera revelación acerca de quienes tienden a convertirse en sus víctimas prioritariamente, *los mejores seres humanos del mundo*:

«Una niñita que era tan blanca como la nieve, tan encarnada como la sangre y cuyos cabellos eran tan negros como el ébano. Por todo eso fue llamada Blancanieves».

Inocencia, ingenuidad, buena intención… Son los rasgos típicos de la víctima propiciatoria preferida por un psicópata. El cuento de Blancanieves presenta estas características como antecedentes psicológicos habituales en todas las situaciones de depredación y abuso. Una persona bondadosa, pura, ingenua exhibe, debido a ello, un alto potencial de parasitación.

Ser una buena persona solo es un factor de riesgo si te las tienes que ver con un psicópata integrado. Por eso hay que atribuir la culpa al causante del abuso psicopático y no a la víctima.

Una persona ingenua o naíf, incapaz de ver el mal en el otro, es el objetivo ideal para ellos. Alguien que no tiene tacha en lo personal, tan blanco, puro e inmaculado como Blancanieves.

Todos los que están alrededor de las víctimas de los abusos de los psicópatas se preguntan qué tienen aquellas para haber atraído a estos. La revelación del cuento es contundente. La víctima de un psicópata integrado es siempre inocente. No cabe encontrar en ella nada que haga que merezca el abuso.

La causa del abuso psicopático no estriba en lo que has hecho, sino en lo que representas para el narcisismo maligno de todo psicópata: una amenaza o una oportunidad.

Al narcisista maligno que es todo psicópata integrado le molesta de modo especial la luz que la víctima tiene (que sea brillante, competente, atractiva, bondadosa, apreciada en su trabajo, premiada, reconocida, eficaz, etc.).

Con su estrategia busca convertir a la víctima en un mal clon de sí misma, es decir, en una persona vacía, sin luz. Procura su destrucción de mil maneras, consiguiendo al final que la víctima no esté bien, que no se sienta válida, no sea feliz ni competente.

---

### SILENCIO Y REFLEXIÓN PARA TU RECUPERACIÓN
### El abuso y el amor son excluyentes

Quien bien te quiere NO te hará llorar. Alguien que te quiere de verdad no buscará nunca que te avergüences por tus fallos, que sufras por

→

tus defectos o errores o que tengas que pagar un precio, el que sea, por ser humano y falible. Ten en cuenta que el juego de la manipulación emocional de los psicópatas se hace bajo el pretexto del amor parental o del cariño familiar o de pareja.

Tienes que desobedecer a todo psicópata cuando te ordena que dejes de ser tú mismo y te conviertas en alguien como él.

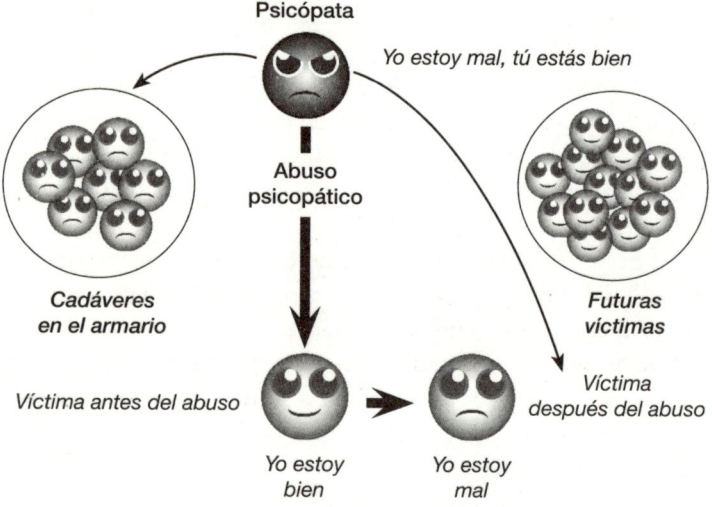

La luz de las víctimas desencadena en ellos sentimientos de celos, ira, rabia y envidia.

Quieren eliminar ese malestar, liquidando su fuente, es decir, hundiéndote a ti. No importa que seas su hijo, su hermano, su pareja o su socio. No pueden soportar tu luz.

El espejo simbólico en el que se mira la madrastra es la comparación sistemática que hacen los psicópatas narcisistas con sus víctimas.

El método de un psicópata consiste en canibalizarte, es decir, devorarte, para que, una vez consumido por completo, te conviertas en un ser como él, vacío, sin alma, sin conciencia. Tiene que acabar con la luz que irradias y que él no puede soportar.

Intentará destruir en ti de manera preferente todo aquello de lo que él carece, y que tu presencia le recuerda cada día, inundándolo de sentimientos profundos de rabia y soterrada envidia.

No entres en su juego. No le hagas el favor de cambiar tu forma de ser.

---

### SILENCIO Y REFLEXIÓN PARA TU RECUPERACIÓN
### Artistas del camuflaje y camaleonismo emocional

Los narcisistas malignos que son todos los psicópatas no sufren en lo profundo, ni padecen emociones como la ansiedad, la culpa, la vergüenza o el remordimiento.

Las pueden simular, aunque no las experimentan realmente.

Todo les sirve para una representación teatral que busca conmover a un público ingenuo e incauto que ellos saben trastear y manipular como buenos titiriteros emocionales. El objetivo es siempre aprovecharse más y mejor de sus víctimas con sus juegos de piedad e historias conmovedoras en las que siempre intentan ser las víctimas del relato.

No te creas nunca la emoción que exhibe un psicópata.

Menos aún cuando con ella pretenda avergonzarte, culpabilizarte, sacarte dinero o desviar la atención de sus conductas abusivas.

# 3

# DÓNDE, CUÁNDO Y CÓMO APRENDISTE A SER VULNERABLE A LA VIOLACIÓN DE TU ALMA: LOS NIÑOS PERDIDOS

La verdadera especialidad de todo psicópata es violar el alma de sus víctimas. Puede parecer extremo utilizar al término «violación del alma» al referirme al paso por tu vida y, sin embargo, es el término que más frecuentemente utilizan las personas que han sufrido esta depredación dentro de la propia familia.

---

**SILENCIO Y REFLEXIÓN PARA TU RECUPERACIÓN**
**No te detengas, corre... ¿Y si es de tu familia?**

«Si tienes un psicópata en tu vida, no te detengas, corre», solía repetir Robert Hare, en sus recomendaciones binarias de no dar segundas oportunidades a los psicópatas de volverte a destruir.

Y, sin embargo, cuando el psicópata es alguien de tu familia, esto no es tan fácil de hacer como de decir.

Hay que conocer y superar los obstáculos internos y externos que conspiran contra las víctimas de todo tipo de abusadores y psicópatas familiares y para ayudarlas a dar el paso imprescindible del Contacto Cero.

---

Las dos principales características del psicópata integrado como violador de almas son:

- Capacidad de seducir a su víctima mediante una promesa de redención, gracias a su gran capacidad de simular, mentir y manipular emociones mediante la culpa, la vergüenza o la estrategia de la confusión.
- Capacidad de traicionar a su víctima sin ningún remordimiento, debido a su absoluta incapacidad moral de experimentar empatía o tener contención en sus actuaciones más perversas.

Es conocido que la moral utilitaria y teleológica de todo psicópata no se detiene ante las relaciones familiares, ni frente a sus propios hijos, padres o hermanos. Sigue siendo psicópata a tiempo completo.

Su espectacular capacidad de violar el alma y romper el corazón de cualquiera adquiere dimensiones colosales cuando hablamos de personas con las que tienen vínculos de sangre y apellido, muy especialmente cuando esas víctimas son menores.

---

**SILENCIO Y REFLEXIÓN PARA TU RECUPERACIÓN**
**Los niños perdidos de las Familias Zero**

Denomino «niños perdidos» a aquellas personas, hoy adultas, que sufren las consecuencias del trauma de proceder de familias disfuncionales o Familias Zero en las que asumieron esquemas mentales, roles, expectativas que las convierten en víctimas fáciles de la seducción psicopática en la vida adulta.

Sus traumas no identificados en la infancia les han transformado en adultos vulnerables al peor abuso psicopático en todo tipo de relaciones, muy especialmente en el ámbito de la pareja.

---

Los hijos de progenitores zero (manipuladores, maquiavélicos, narcisistas y psicópatas) están especialmente expuestos a sufrir el doble vínculo típico que establecen con todas sus víctimas, pero de un modo especialmente perverso.

El sistema humano de apego es un «programa de supervivencia biológico» con el que todos venimos «pre-cableados» al mundo, por el cual nuestra legítima expectativa al venir al mundo es que los que nos reciben nos cuiden, alimenten y protejan del peligro.

Cuando, en lugar de esto, el niño se encuentra con un progenitor zero, se enfrenta a una experiencia inconmensurable, que no puede resolver.

El denominado «trauma de traición» es un trauma relacional de tipo II, que no tiene como causa grandes eventos traumatizantes (violencias, abusos sexuales, abandonos), sino una miríada persistente e incesante, «chapapote emocional» en forma de lluvia fina de pequeños actos y actitudes, que la víctima no advierte casi nunca mientras la padece, a menudo durante muchos años, pero que va a marcar y devastar su sistema de apego, volviéndolo vulnerable en la vida adulta a las actuaciones perversas de los peores psicópatas.

La esencia del trauma por traición que sufren los hijos de los progenitores abusadores, negligentes o tóxicos radica en la combinación de dos elementos que devastan el sistema psíquico de cualquier ser humano: el encadenamiento sucesivo de dos mecanismos de supervivencia incompatibles y contradictorios que se encuentran enfrentados y en pugna continua en la experiencia de la víctima.

Por un lado, la necesidad de apegarse, de vincularse a un miembro esencial y relevante de su familia biológica, su progenitor, para sobrevivir.

Por otro lado, la experiencia devastadora del abuso psicopático reiterado a manos de ese mismo progenitor y la necesidad de huida y evitación para sobrevivir.

Esta terrible experiencia de intentar sobrevivir entre dos tendencias contrapuestas es la causa de generación de heridas intergeneracionales que permanecen después en la vida del futuro adulto de modo latente y que se manifiestan en el momento en el que vuelven a encontrarse en al ámbito social con individuos que les suenan familiares: otros abusadores de corte narcisista o psicopático.

Resultan tan familiares, suenan, porque tienen las mismas características que el familiar o progenitor zero que los abandonó, abusó de ellos o los maltrató psicológica y emocionalmente durante su infancia.

---

*Trauma de traición o violación del alma:*

Necesidad de vincularse y apegarse (aproximación) + Repetición del abuso psicopático (Evitación) = *Futura vulnerabilidad a la promesa de redención psicopática.*

---

SILENCIO Y REFLEXIÓN PARA TU RECUPERACIÓN

**Doce razones por las que los niños de una Familia Zero son adultos más vulnerables a los psicópatas**

1. No aprendieron a distinguir las buenas de las malas intenciones de quienes se relacionaban con ellos durante su periodo crítico de aprendizaje.

2. No aprendieron a diferenciar el verdadero amor, confundiéndolo con el maltrato, el abuso, el chantaje y la manipulación emocional.

3. No aprendieron a establecer y defender los límites necesarios en sus relaciones, al ver una y otra vez transgredidos y violados todo tipo de límites por el abuso psicopático.

4. Aprendieron a disociarse ante los abusos, de tal manera que la huida y el escape de la realidad se volvieron un recurso habitual que hoy permanece activo. Hoy, en lugar de defenderse o huir, se disocian.

→

5. Aprendieron el tóxico y psicopático *mantra* de que «quien bien te quiere te hará llorar», banalizando el abuso emocional y psicológico de los psicópatas como algo normal y esperable en las relaciones.

6. Los abusos continuados, ocurridos en posición de dominio y superioridad del progenitor psicópata, les impidieron desarrollar y completar el desarrollo de una sólida autoestima y su correlativa asertividad para defenderse proactivamente de los intentos perversos de otras personas de aprovecharse de ellos.

7. Se convirtieron en especialmente sensibles a las promesas de redención y liberación del sufrimiento, siendo hoy propensos a dejarse encandilar o seducir mucho más rápidamente que los demás.

8. No tuvieron buenos modelos de identificación e imitación en relaciones de pareja sanas o funcionales, trivializando y normalizando entornos caóticos, desregulados y violentos en los que vivían a diario la manipulación y los abusos psicopáticos.

9. No pudieron ver atendidas sus necesidades básicas de cuidado, consuelo y base segura, de tal manera que quedaron anclados en ese tipo de necesidades básicas y ahora son vulnerables a la seducción de los psicópatas que les prometen atenderlas.

10. Se acostumbraron a vivir en la incertidumbre, la inseguridad, el caos y el vaivén emocional constante, algo que siempre caracteriza la relación con un psicópata.

11. Se aclimataron al abuso, al amor *condicional*, al chantaje emocional, la manipulación por la denigración, la culpa y la vergüenza.

12. Se vieron forzados a «parentizar» a sus propios padres, convirtiéndose en cuidadores y salvadores de los progenitores más abusivos, egoístas y perversos, que ponían sus necesidades, su comodidad o sus caprichos por delante de las necesidades de cuidado y atención del propio hijo.

Cualquiera que aparezca en la vida adulta de este «niño perdido» como portador de una promesa de redención o rescate de estas dolorosas sensaciones generadas en la infancia lo tiene muy fácil.

La pérdida de la propia infancia en procesos de trauma intra-familiar crónico y abusos y negligencias de todo tipo convierte la adultez de aquellos niños maltratados y abandonados en una segunda parte aún más dura de sus padecimientos.

La falsa promesa de redimir o salvar al niño perdido de sus padecimientos por parte de un psicópata integrado viola de nuevo el alma de estos seres humanos, que arrastran así una vida de penurias y un calvario personal y emocional repetido.

Al no comprender el origen de todo ello, la culpa aumenta el daño y la vergüenza, llevándolos a ser cada vez más proclives a aceptar y acomodarse a cualquier abuso y maltrato emocional.

---

### SILENCIO Y REFLEXIÓN PARA TU RECUPERACIÓN
#### El día que nací yo, qué planeta reinaría...

En esta copla de Imperio Argentina queda plasmada a la perfección la pregunta del millón que se hacen casi todas las víctimas del abuso psicopático: ¿por qué me ocurren estos abusos a mí de manera repetida?

El trauma de repetición no se basa en una actitud masoquista de la víctima, ni en profundos o ignotos deseos de autosabotaje y autodestrucción que irían contra el mecanismo básico de supervivencia de todo ser humano.

No hay nada de eso.

Las víctimas del abuso psicopático repetido adulto suelen haber sido víctimas de procesos de abuso familiar temprano, que aprendieron a sobrellevar por medio de mecanismos de defensa de normalización, banalización y trivialización de los maltratos, del abandono o de la negligencia parental en los años cruciales de su desarrollo infantil, normalmente en el seno de familias disfuncionales o Familias Zero.

La herida invisible de estos niños perdidos es una vulnerabilidad que todos los psicópatas olfatean e identifican con gran pericia. Convierten a los niños perdidos en sus víctimas preferentes por la facilidad con la que pueden ser seducidos, ya que están dispuestos a creer en la promesa de redención que les va a ofrecer siempre el psicópata.

# 4

# LA FALSA PROMESA
# DE REDENCIÓN

Al igual que la protagonista del cuento de Blancanieves, todas las víctimas del abuso familiar zero son huérfanas *de facto* y víctimas de la depredación y los abusos de «madrastras» (o falsos progenitores) que aparentan cuidado, cariño y amor, pero que solo ofrecen experiencias de abusos emocionales, físicos o sexuales más o menos encubiertos, junto al abandono, la negligencia, el uso, la manipulación del niño pequeño.

Cuando, ya en la vida adulta, alguien aparece con promesas de redención y de amor incondicional, se activa la parte herida, o niño interior abandonado, y el niño perdido se convierte en altamente *depredable* por los peores manipuladores de sus heridas emocionales.

La tecnología de la seducción psicopática mediante la promesa de redención consiste en la combinación de cuatro manipulaciones de los psicópatas:

1. La inducción a la creencia en una falsa promesa, sueño o anhelo que viene a resolver o calmar la herida o vulnerabilidad previa de la víctima.
2. El trance emocional, el bombardeo afectivo y la *propaganda psycho* gracias a la labia, el desparpajo verbal, la locuacidad y capacidad de encanto que suelen presentar casi todos los psicópatas integrados.

3. La manipulación de la percepción de la realidad por la víctima mediante la duda de sí misma, la confusión, la disonancia cognitiva y la negación del abuso psicopático.

4. La inducción de la reacción de disociación ante los abusos a través del doble vínculo psicopático y del trauma de traición generado en la víctima.

---

### SILENCIO Y REFLEXIÓN PARA TU RECUPERACIÓN
#### No puedes viajar en el tiempo, pero sí puedes defenderte

No importa la edad que tengas, nunca es demasiado tarde para salir de la montaña rusa emocional en la que te sumió durante años el abuso y abandono que sufriste en el seno de una familia disfuncional, a manos de un progenitor zero.

No haber sido cuidado o amado incondicionalmente no dice nada malo de ti, sino de aquellos que te fallaron y fracasaron en sus obligaciones parentales de haber construido para ti una base segura de apego y consuelo.

Con la ayuda de este libro y la de un psicoterapeuta experimentado, asumirás que, aunque no puedes usar la máquina del tiempo ni restañar las heridas de una infancia perdida en la que no obtuviste el amor incondicional de una «madrastra» o progenitor abusivo o psicopático, sí puedes aprender a proporcionártelo tú mismo y a esperarlo y obtenerlo de las personas adecuadas.

Eso significa convertirte en tu propio progenitor y, con amor racional a ti mismo, proporcionarte una experiencia de aceptación incondicional, protección y cuidado de la que careciste en tu infancia.

Cuando alguien te vuelva a prometer amarte incondicionalmente, te guardarás de él y recordarás que dicha experiencia en la vida adulta solamente la puedes esperar de ti mismo.

Quien te promete amor incondicional o ser tu «alma gemela» tiene muchas probabilidades de ser un manipulador de tipo psicopático que olfatea en ti la herida abierta de una necesidad parental no satisfecha.

En el núcleo del abuso psicopático siempre encontramos una falsa promesa de redención, que los psicópatas integrados usan como cebo para enganchar a sus víctimas.

Primero estudian las heridas de la víctima para montar una estratagema de captación e inocular una serie de esperanzas en la víctima, que desencadenarán las más maravillosas sensaciones que jamás haya experimentado en su vida.

La estrategia *psycho* es siempre la misma: construir un tejido de mentiras, promesas y expectativas falsas sobre el vacío, el trauma, la herida o la vulnerabilidad personal o social de aquel a quien se propone desplumar social, económica, afectiva o sexualmente.

Entender la falsa promesa de redención resulta crucial para la recuperación de cualquier víctima de un psicópata integrado, y no hacerlo es la causa del eterno retorno de los psicópatas a su vida.

Es muy difícil, e inaceptable para la víctima, creer que detrás de las actuaciones estelares de los psicópatas integrados y de sus más variopintas promesas de redención no hay hecho alguno que las respalde.

La promesa que permitirá curar la herida, eludir el vacío, superar el abandono o resolver el problema afectivo básico que arrastra la víctima es el caballo de Troya con el que el psicópata integrado penetra y viola su alma.

El uso que hace de dicha promesa es como un fuerte disolvente de todo sentido de realidad, que obnubila a la víctima y la conduce a abandonar todo sentido común y todo sentido de realidad, por querer creer a toda costa en la verdad de esa mentira.

Querer creer a toda costa en la verdad de esa mentira es el marcador constante que acompaña a toda víctima del auténtico depredador intraespecie.

No es cuestión de un déficit de inteligencia, formación o capacidad intelectual. Lo que proporciona ventaja al psicópata integrado es su formidable capacidad de clonar y emular todas las necesidades que ha sabido identificar estudiando a sus víctimas.

No te condenes, pues, a la pena suplementaria de creer que si un psicópata te enganchó fue por tu estupidez, tu falta de inteligencia o tu escaso sentido común.

---

### SILENCIO Y REFLEXIÓN PARA TU RECUPERACIÓN
#### Renunciar a creer en la mentira

Querer creer desesperadamente en la redención que tu psicópata te promete falsamente crea en tu mente un espejismo del que te va a costar salir.

Esa madre ideal, ese padre dedicado, ese atento esposo, ese amigo que nunca falla o ese leal socio que tu psicópata proyecta en tu mente no existe en la realidad.

Los hechos de la realidad lo desmienten. Lo sabes en lo más profundo de tu ser, pero no quieres aceptarlo.

La promesa de redención y tu deseo de creer en la veracidad de esa mentira son tan intensos y el influjo en ti de la propaganda *psycho* es tan poderoso que ignoras todas las señales de lo evidente y terminas aceptando lo más inaudito.

Tu creencia en la promesa de redención ejerció en ti un efecto tan fascinante que permite explicar por qué avanzó tanto tu proceso de destrucción. Debes saber que esas promesas fueron un mero artificio, producto de la capacidad camaleónica del psicópata de detectar tus heridas, clonar tus emociones y presentarse como la solución de todo.

Querías tener la esperanza de que fuera cierta la promesa, y creer en esa mentira te hizo caer en la trampa.

Salir adelante y cerrarle el paso a tu psicópata requiere ahora por tu parte enfrentar potentes sentimientos de duelo, tristeza y culpa por habértelo creído todo, bloquear el acceso en tu mente a las dudas y la disonancia cognitiva y dejar de rumiar en tu cabeza si la falsa promesa pudiera resultar cierta.

# POR QUÉ LAS SITUACIONES DE CRISIS Y DE VULNERABILIDAD ATRAEN A LOS PSICÓPATAS

Del relato de las víctimas de los psicópatas integrados se deduce que el origen de la atracción radica en las situaciones de alta vulnerabilidad que estas víctimas atraviesan y que van a ser identificadas por el depredador intraespecie.

Relatan sistemáticamente el modo perverso en que, en el peor momento de sus vidas, surgieron los psicópatas para aprovecharse de ello.

Un psicópata integrado es un depredador atento a la menor oportunidad de aprovechar toda vulnerabilidad en su beneficio.

Preferirá siempre atacar a la presa más indefensa y fácil que a la que pueda ofrecer más resistencia o defensa.

Como un lobo con piel de cordero, el psicópata busca economía de medios y olfatea a kilómetros la oportunidad que se le ofrece. La vulnerabilidad supone un reto irresistible para su capacidad de aprovecharla en su beneficio.

Todas las personas atravesamos a lo largo de la vida periodos en los que somos más susceptibles a ser heridos o dañados. Durante ese tiempo nuestro sistema inmunitario psicológico se encuentra bajo mínimos, es decir, estamos «a tiro» de aquellos que quieran atacarnos.

Las situaciones personales, familiares y existenciales complicadas o críticas excitan el afán de los psicópatas de aprovechar y maximizar sus posibilidades para cazarte.

Conocemos que las probabilidades de ser enganchado por un psicópata integrado aumentan significativamente en situaciones vitales de crisis, abandono, enfermedad, aislamiento o sufrimiento, como las siguientes:

- Periodos de abandono, soledad o aislamiento de la familia, amigos o seres queridos.
- Procesos de victimización (malos tratos, abusos, *mobbing*, acoso sexual, etc.).
- Crisis de pareja, infidelidad, violencia doméstica, separaciones, divorcios u otros traumas familiares.
- Etapas de disminución radical de la propia sensación de valía o autoestima.
- Crisis vitales en las que se ve mermada la seguridad en uno mismo o existen dudas sobre las propias convicciones básicas (crisis de fe, desempleo, cambios vitales, etc.).
- Cambios de residencia, emigración, mudanzas a otro país u otra ciudad.
- Crisis por la muerte de un ser querido o de una figura de apego básica (la pareja, padres, hermanos, hijos o amigos íntimos).
- Situación de paro o de grave crisis profesional o laboral.
- La superación de una grave enfermedad.
- Cualquier otra situación de pérdida, abandono o estrés vital y existencial.

## Silencio y reflexión para tu recuperación
### Cuidado con los momentos de crisis existencial

El clásico consejo ignaciano recomienda no hacer cambios en periodos de desolación o crisis existencial.

El radar psicológico de un psicópata integrado es un verdadero detector de vulnerabilidad, que determina su acercamiento a las personas en las peores situaciones de postración emocional o familiar, oliendo las enormes posibilidades que la experiencia de naufragio existencial de la víctima puede reportarles.

No hace falta que la víctima le revele expresamente sus problemas o su crisis personal. Su capacidad de leer sus gestos, escanear su tono vital y aprehender su estado mental le proporciona un diagnóstico certero e infalible: el peor momento personal y vital de esa presa le resulta *hiperfavorable* a sus planes.

El psicópata suele asestar su golpe maestro de seducción cuando la víctima se encuentra más desvalida, sola y necesitada de apoyo que nunca.

La necesidad de apoyo, alivio o consuelo de una víctima en un mal momento es la hendidura psicológica por la que se cuela en su alma, para violarla.

# 6

# LOS HUÉRFANOS PSICOLÓGICOS Y SUS MECANISMOS DE ADAPTACIÓN A LA FALTA DE BASE SEGURA DE APEGO

Las verdaderas madres generalmente aman y cuidan a sus pequeños humanos con cariño y dedicación.

Estos les devuelven esa atención reflejándolas dentro de ellos, constituyendo así el Yo o idea que cada ser humano se hace de sí mismo.

El ciclo se realimenta mediante potentes mecanismos biológicos que sustentan el apego mutuo y que explicarán que la madre esté dispuesta a sacrificarlo todo, incluso a sí misma llegado el caso, con tal de salvar o preservar a su bebé.

Todo niño viene «pre-cableado» y tiene su *hardware* cerebral preparado y dispuesto para encontrarse con la experiencia de ser cuidado y atendido por los suyos.

Tiene la legítima expectativa y la necesidad de ser cuidado, tomado en serio y respetado por su madre.

El psicólogo Winnicott ha puesto de relieve la importancia de este proceso de *bonding* o vinculación entre la madre y el niño para el correcto desarrollo de la personalidad, los recursos psicológicos, la autoestima y la asertividad del futuro adulto.

Este tipo de madre se convierte para el bebé en lo que los psicólogos denominamos «base segura de apego» y en un esencial recurso durante el resto de su vida para que, cuando las cosas no vayan bien, lleguen las crisis o estemos en peligro, dispongamos de un mecanismo mental de salvaguarda, con el que recordar el modo en que fuimos queridos, amados y protegidos. Con ello, el adulto que tuvo en su madre una base segura de apego se sabe merecedor de lo mejor y también es capaz de rechazar lo malo, protegiéndose y cuidándose a sí mismo del mismo modo que fue protegido y cuidado por una amorosa madre.

El niño que fue mirado por su madre con amor la imita y la refleja sobre sí mismo. Gracias a sus neuronas espejo, reproduce esa misma mirada en su interior, refleja la misma actitud de amor incondicional que experimentó y quedó grabada a fuego en su memoria emocional.

La madre amorosa no fija en el niño una mirada interesada, egoísta, como si fuera un objeto de uso u aprovechamiento. Su hijo es un fin en sí mismo. No es el medio para alcanzar u obtener nada. Lo cuida, ama y protege porque es su hijo, no por la utilidad que le reporte ni por características que pueda presentar que la puedan beneficiar.

Ese niño encuentra en esa mirada maternal de amor incondicional la base de su futuro Yo, modelado con la actitud de un progenitor presente y protector, cuya incondicionalidad queda fuera de toda duda, pues vela por sus necesidades hasta el punto de ponerlas sistemáticamente por delante de las suyas.

Este proceso normalmente conduce al robustecimiento del Yo y de la personalidad del niño y lo fortalecerá en la vida adulta frente a la adversidad o los ataques externos a su autoestima que pueda recibir.

La reacción hormonal que despierta el recién nacido en su madre alimenta el denominado «instinto maternal», lo refuerza y prolonga durante semanas después del parto con el contacto habitual, la lactancia y el contacto sensorial, ocular y epidérmico frecuente entre ambos (*bonding*).

Según los psicólogos que más y mejor han estudiado la relevancia del apego (Winnicott, Erikson, Miller, Morris, Leboyer, etc.), ese *bonding* inicial le da al pequeño infante humano la seguridad y confianza básicas que marcan desde muy temprana edad (antes de los seis meses de edad) la que será su posición básica ante el mundo, ante sí mismo, ante los demás y ante el futuro.

El premio nobel Konrad Lorenz descubrió la naturaleza genética del *imprinting*, fenómeno por el cual la mayoría de las especies animales tienen «programación» de apego a las primeras figuras presentes en el momento del nacimiento, ya sea la madre biológica o el experimentador, si este es el que está allí en ese trance.

El lado malo es la irreversibilidad del *imprinting* y los problemas que puede generar cuando resulta fallido en la especie, pues no es reprogramable, una vez pasado el momento evolutivo concreto en que debe desplegarse.

Cuando esa primera y temprana vinculación entre madre e hijo falla por diferentes razones, se pierde una oportunidad biológica única e irrepetible de obtener los buenos resultados que un apego sano y seguro produciría.

Pasada esta ventana de oportunidad única para vincularse madre e hijo, el proceso será irrecuperable y la mente del pequeño infante ensayará diversas estrategias sustitutivas para poder suplir ese proceso fallido de otras maneras. Pero ya no serán la genuina y conllevarán costes de adaptación y a veces toda una vida de repetición de patrones erróneos o disfuncionales que lastrarán la vida y las emociones de este niño.

Los procesos de vinculación o *bonding* entre madre e hijo pueden fracasar debido a muchas razones; entre ellas se encuentran:

- El abandono o la muerte prematura de la madre.
- La enfermedad corporal de la madre que impide su presencia física al lado del bebé.
- La enfermedad mental grave de la madre que impide su presencia, disponibilidad y atención al niño.
- Los trastornos de la personalidad (depresión, ansiedad, personalidad límite, etc.).
- El alcoholismo o las adicciones.

Cuando la madre no es capaz de ayudar a su hijo, atenderlo, alimentarlo o cuidarlo por diferentes razones, el niño queda psicológicamente *huérfano*, al igual que Blancanieves en el cuento, y tiende a sustituir su base de apego fallido por otra nueva que supla la necesidad psicológica y biológicamente establecida de vinculación o *bonding*.

Si el niño tiene la oportunidad de crecer y vincularse a una madre emocionalmente presente y disponible para él, tendrá la suerte de desarrollarse y madurar una personalidad normal y un yo funcional capaz de adaptarse a las distintas situaciones en la vida.

Una sana autoestima y un Yo autoconsciente le permitirán en el futuro conocer, aceptar y atender a sus propias necesidades, dando prioridad a estas, sin complejo de culpa.

Se permitirá vivir sus propias emociones sin culpa o vergüenza, permitiéndose estar alegre, enfadado o triste sin temor a dañar a otros o sin tener que ocultar sus sentimientos por vergüenza o por miedo a la pérdida de su apego.

Sabrá lo que no quiere y lo que sí quiere en su vida, pudiendo elegirlo activamente, sin lastres mentales significativos.

Desde la construcción de una base segura en su madre, el niño podrá después enfrentarse sin problemas al desafío y a la confrontación externos.

Cuando su madre no es excesivamente cariñosa o afectiva, el niño suele adaptarse y suplir mediante otros mecanismos compensatorios esa carencia. Siempre y cuando la madre no lo impida o bloquee activamente al niño, este tenderá a encontrar en otras figuras de apego disponibles en su entorno inmediato aquello que le falta a su madre, estableciendo vínculos sustitutivos o secundarios con otras personas, que pasan a funcionar como primarios.

El padre, una hermana mayor, la abuela, el tío materno, un maestro o cualquiera que se muestre disponible en su entorno puede pasar a figurar en el cerebro del niño como una fuente de

apego y base segura sustitutiva. Esa figura de apego sustitutiva ofrece al niño una posibilidad de *bonding* alternativo.

El infante humano es increíblemente hábil para obrar esta
sustitución tras su vinculación fallida con una madre indisponible
por diversas causas y, a pesar de esa orfandad psicológica primaria, es capaz de encontrar alimento afectivo en otras figuras
secundarias para satisfacer su necesidad esencial de apego y base
seguros.

El proceso de sustitución es, por decirlo así, un salvavidas, un
mecanismo de emergencia cuando, por diferentes avatares, la
madre no se encuentra disponible.

### El fallo del *bonding* con la figura primaria y su mecanismo de sustitución

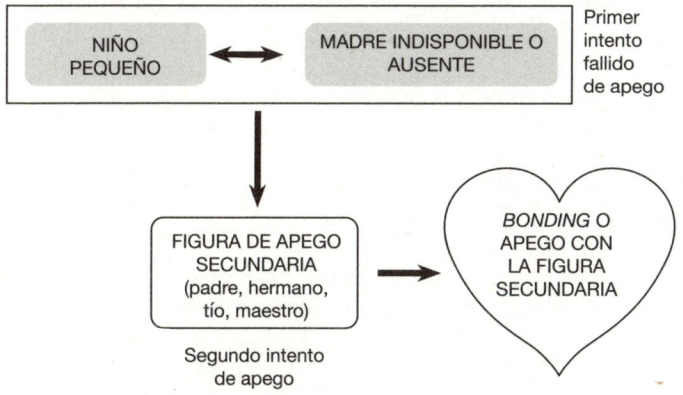

SISTEMA BIOLÓGICO DE APEGO O VINCULACIÓN

NIÑO PEQUEÑO ⟷ MADRE INDISPONIBLE O AUSENTE

Primer intento fallido de apego

FIGURA DE APEGO SECUNDARIA (padre, hermano, tío, maestro)

Segundo intento de apego

*BONDING* O APEGO CON LA FIGURA SECUNDARIA

La ausencia, la indisponibilidad física o psicológica de la madre
biológica despierta en el niño pequeño su formidable potencial de
adaptación para establecer, cueste lo que cueste, el ansiado y biológicamente predeterminado vínculo.

Es cuestión de supervivencia y nuestra especie lo sabe bien.

De ahí que los huérfanos psicológicos que atendemos en consulta suelan relatarnos cómo pudieron salvar esa indisponibilidad y arreglárselas para encontrar en otras personas las fuentes para satisfacer su necesidad de base y apego seguros.

# 7

# LA AUSENCIA DE UN PROGENITOR PSICOLÓGICAMENTE DISPONIBLE COMO VULNERABILIDAD EN LA VIDA ADULTA

El proceso de orfandad que acabamos de relatar ha provocado en el niño que se ha quedado en la situación imposible para nuestra especie de «huérfano psicológico» la entrada en funcionamiento de los mecanismos de sustitución que rigen en la especie humana y que le llevan a buscar su base segura de apego en cualquier otra persona disponible.

El problema, sin embargo, puede ser más grave si por alguna razón el niño tampoco consigue establecer ese vínculo de protección con una figura secundaria o sustitutiva de apego por diversas razones.

El niño primariamente abandonado por una madre indisponible para él no quiere por nada del mundo ver de nuevo frustrado ese proceso con la figura vicaria. No puede permitirse vivir una nueva experiencia fallida que dé al traste con su necesidad de apegarse sanamente a la nueva figura de apego. El sistema de apego del niño no puede permitirse fallar en este segundo intento.

Ante el fallo del primer intento con la madre indisponible, el sistema de apego se encuentra ante varias alternativas:

- Su primera opción es *quedar fijado y anclado* sobre la madre emocionalmente indisponible e intentar repetir la jugada una y otra vez, sin resultado alguno. Se trata de un bloqueo que suele llevar a la temprana abdicación del intento de apegarse o de buscar alternativamente otra figura sustitutiva para completar y satisfacer su necesidad de apego seguro. El sistema de apego queda bloqueado o congelado en el tiempo, desarrollando en el niño una indefensión aprendida que le llevará a una posición de retirada temprana de la vida, de huida de la realidad y del afrontamiento de las situaciones de desafío y confrontación.

- La otra opción consiste en variar la dirección y dirigir sus intentos de apego sobre una figura sustitutiva del amor materno no logrado. En ese caso cualquiera que pueda proporcionarle un mínimo de cariño, acompañamiento, protección o incluso presencia física puede ser buen candidato. Todo vale con tal de cumplir con los requerimientos del potente sistema de apego humano. Más vale apegarse a alguien, aunque imperfecto, que nada. Es así como estos huérfanos pueden terminar conformándose con figuras sustitutivas que les hacen pagar precios enormes en todos los sentidos, incluyendo posibles abusos sexuales, físicos o emocionales. Nada les sale gratis…

Esta segunda opción resulta muy dolorosa para el niño aunque inexorable, y constituye un fenómeno que aparece continuamente en mi experiencia clínica en el acompañamiento a miles de víctimas de abuso psicopático: a lo largo de sus vidas adultas siguen inmersos en una «compulsión de repetición» que busca encontrar una base segura de apego en cualquier persona que pueda remotamente representar o simular una figura de apego alternativa, ante el fallo o la incompetencia de las figuras primarias o secundarias.

En el arte de hacerse pasar por una pretendida «base segura de apego» que estos huérfanos siguen buscando, los psicópatas son verdaderamente los «reyes del mambo».

Los psicópatas integrados son expertos depredadores, especializados en olfatear la vulnerabilidad psicológica que estos huérfanos presentan. No tardan en darse cuenta de que estos serán capaces de «hacer cualquier cosa» para adaptarse con tal de que se les prometa el amor incondicional, la protección, el cuidado y el cariño que no obtuvieron en su momento debido al fracaso del proceso de apego con una madre indisponible y con unas figuras sustitutivas secundarias de apego que tampoco funcionaron.

La falta de escrúpulos y de conciencia de los psicópatas y su proverbial amoralidad los llevan a evaluar esa dolorosa y traumática situación como una gran oportunidad. Su enorme capacidad camaleónica obra una metamorfosis mimética, para transformarse en la persona que parece cubrir las necesidades insatisfechas de aquel niño huérfano de madre, hoy adulto.

El cuento de Blancanieves nos habla de una madre biológica «desaparecida en combate» (fallecida), pero también del fallo de la figura secundaria de apego, que se encuentra también ausente o indisponible: el padre de Blancanieves y rey del país del que no se sabe nada, y que no se ocupa debidamente de cubrir el hueco dejado por una madre fallecida y que no protege a la niña de los sucesivos intentos de eliminación a manos de su perversa madrastra.

En la base del problema esencial que narra este libro, la vulnerabilidad de base de los huérfanos ante el abuso psicopático de todo tipo, encontramos el fallo básico en la constitución del vínculo y de una base segura de apego con una madre ausente, desaparecida o emocionalmente indisponible, o una madre que, aunque pudiera haber estado presente, no fue capaz de cubrir esa necesidad básica de consuelo, base segura y refugio, o que careció, por diferentes razones, de la fiabilidad, consistencia, continuidad y constancia necesarias en las labores de cuidado de su hijo.

Esta situación existencial crítica condenará al futuro adulto a vivir en el pasado, le impedirá sentirse seguro y saber quién es durante el resto de su vida.

Ese adulto vivirá sin saberlo en el pasado, ensayando una serie de intentos repetidos y frustrados de encontrar su base segura de apego y consuelo en su relación con los demás.

A medida que el niño va fracasando en la tarea de encontrar su base segura de apego, se vuelve más y más capaz de pagar todo tipo de precios e hipotecas psicológicas con tal de lograr apegarse «a quien sea». Se convierte en un mal vendedor de sí mismo y se entrega a cualquiera que sea capaz de darle o prometerle «amor incondicional».

## El doble fallo del *bonding* y la vulnerabilidad al abuso psicopático

SISTEMA BIOLÓGICO DE APEGO O VINCULACIÓN

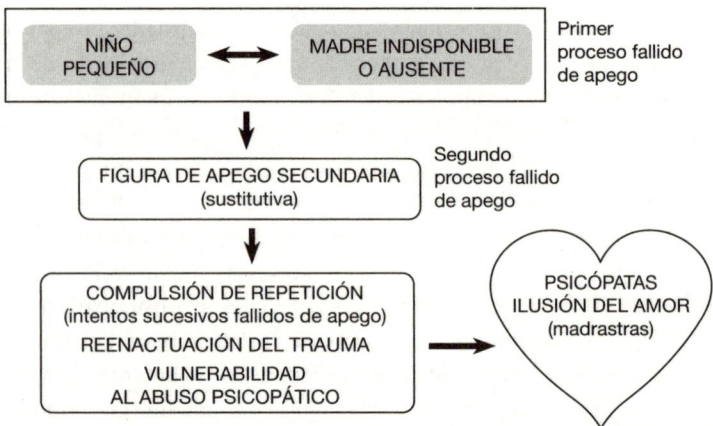

Es la *ilusión del amor*. La generación de una mentira que el niño y futuro adulto va a querer creer a toda costa con tal de salvar la situación de indisponibilidad de figuras de apego básicas a fuerza de mecanismos de defensa, negación y proyección que comprometen su contacto con la realidad y le dan una ingenuidad o *naiveté* creciente.

Ese niño va perdiendo el dinamismo vital y generando todo tipo de síntomas que nacen de la disociación estructural (DE) de su personalidad, lo que origina por un lado una Personalidad Aparentemente Normal (PAN), con la que el futuro adulto va a intentar seguir con su vida, y por otro lado una serie de Partes Emocionales (PE) con las que va a intentar resolver distintos problemas que quedaron en el tintero, sin resolver, y que surgen de lo más profundo en el momento más inesperado, complicando y empeorando su situación existencial.

El fracaso en la búsqueda «como sea» de alguien que lo ame incondicionalmente está prácticamente garantizado, ya que el tipo de amor y cuidado incondicional que busca en sus relaciones con los demás ya no puede encontrarse entre adultos, pues tan solo se da en nuestra especie en la relación absorbente y exclusiva madre-hijo, y ello debido a razones fundamentalmente biológicas y además genéticamente programadas.

El proceso frustrante de «buscar y no encontrar» repetidamente agota al adulto en una «compulsión de repetición» que es la expresión de la reproducción del trauma original y le lleva paulatinamente a la ceguera psicológica sistemática en su relación con los demás: la ilusión del amor.

Esta incapacidad de valorar correctamente lo que puede esperar de las relaciones humanas compromete su buen juicio y su racionalidad y le conduce a un contacto inadecuado con la realidad mediante el despliegue de tres mecanismos psicológicos de defensa que solo pueden derrotarse mediante la psicoterapia especializada:

- La disonancia cognitiva.
- La racionalización.
- La negación.

Aquellos niños, hoy adultos, siguen buscando a mamá en los demás y quedan encarcelados de por vida en un ciclo sin final de relaciones abusivas, nocivas o tóxicas, siempre dolorosas que no son capaces de identificar casi nunca debido a su ingenuidad hasta que es demasiado tarde.

No entienden las razones ni por qué pasan sin solución de continuidad de un progenitor indisponible a una serie de relaciones sucesivas igualmente tóxicas, no identificadas al principio.

Desgranan relaciones y decepciones que les dejan cada vez más vacíos y con menos autoestima, y terminan preguntándose qué tipo de maldición los persigue, culpándose a sí mismos de no encontrar a nadie adecuado, o de ser responsables de aguantar el maltrato, el abuso y la explotación a manos de todo tipo de abusadores narcisistas y psicópatas.

En la búsqueda del Santo Grial que el niño perdido emprendió hace años y que el adulto continúa hoy, va quedando la persona devastada, consumida, vacía que acude a nuestras consultas.

## El doble fallo del *bonding* y el desarrollo de la disociación

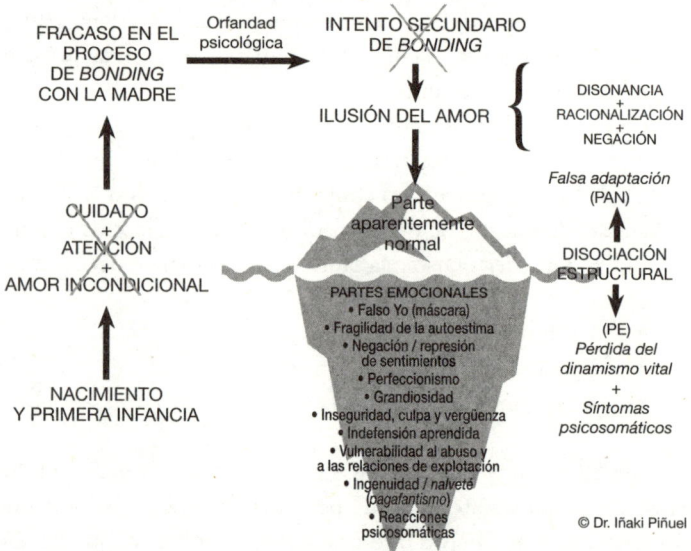

© Dr. Iñaki Piñuel

Bajo la máscara de una vida normal, tan solo en apariencia, se evidencia una pavorosa pérdida del dinamismo vital y el desarrollo de un falso Yo (máscara) que incluye el despliegue de diferentes mecanismos de defensa patológicos, de *acting in* (indefensión, inseguridad, depresión, retraimiento y retirada al interior) o de *acting out* (grandiosidad, éxito, logro mundano y activismo y militancias extremas).

Nos encontramos con un ser humano que en lo más profundo de sí mismo no sabe quién es, ni qué quiere en la vida, y que, debido a ello, va buscando esa respuesta en los demás, resultando a la postre vapuleado y devastado por los individuos más abusivos de cada lugar, que se aprovecharán de su vulnerabilidad ostensible.

Escaso de autoestima y de seguridad interior, vivirá sus necesidades naturales más básicas y legítimas como inadecuadas, impropias y pecaminosas, con la sensación de no merecimiento, pidiendo perdón por existir y arrastrando un permanente sentimiento tóxico de culpa y vergüenza.

O bien vivirá dentro de una «huida hacia delante sin retorno», encadenado a una insaciable necesidad de «redención mediante el éxito y el reconocimiento» exteriores que le afirmen en su mérito y valía, comprometiendo en ello su vida, su energía y su salud en un activismo ingente que terminará prematuramente en el tipo de *burnout* existencial que ya he analizado en algunos de mis libros (como *La dimisión interior* o *Liderazgo zero*, citados en la bibliografía).

# 8

# EL *SKANDALON* O LA FIJACIÓN DEL APEGO INFANTIL AL PERPETRADOR DEL ABUSO

En la mayoría de los traumas relacionales nos encontramos con una reacción postraumática denominada problema del «apego al perpetrador».

La psicología nos explica la importancia del sistema de apego humano como responsable de la felicidad y el bienestar de la persona y de las atribuciones positivas que le llevan a la autoestima, el autocuidado y la asertividad.

Bowlby señala que el objetivo del sistema de apego humano es que el niño perciba seguridad.

La presencia de las figuras parentales de apego debería bastar si todo va bien.

La ansiedad, la incertidumbre y el miedo se ven reducidos por la confianza en la disponibilidad y accesibilidad de las figuras de apego para el niño. Ainsworth señala que quienes no son capaces de establecer apegos seguros con sus padres durante la infancia tienden a buscar figuras de apego sustitutivas.

Los modelos de apego o sistemas de apego son relativamente constantes y reflejan las experiencias tempranas de fracaso o logro en la consecución del apego con la familia de origen.

Sabemos que los niños sometidos al devastador proceso de no haber podido apegarse de un modo seguro en un momento crítico para su desarrollo psicológico a un progenitor psicológicamente indisponible o físicamente inexistente (desaparecido o ausente) quedan comprometidos de por vida a bregar y tener que salir adelante con un sistema de apego averiado. Presentan un daño permanente en su capacidad para vincularse a otros.

El poder que tienen los adultos de proporcionar una base segura a sus hijos supone un contrato biosocial básico mutuo. Sin embargo, este contrato se rompe cuando estos, en lugar de ser una base segura de apego y refugio, infligen a sus hijos una herida formidable y generan el trauma por abuso.

Los abusos abarcan un amplio espectro en la perversión del sistema de apego del niño, y su utilización indebida de forma inapropiada o incluso inversa.

Tradicionalmente se entiende bien el trauma que causan en los niños pequeños los abusos sexuales, el castigo y la violencia física. Sin embargo, no queda tan claro cuando incorporamos a la lista el uso del niño en modos y maneras que no están previstos por su sistema de apego en forma de abusos emocionales, chantajes afectivos, abandono del cuidado físico y psicológico o *parentización*.

Siempre que un niño es utilizado para algo y esto no es percibido como un fin en sí mismo, en el sentido del imperativo categórico kantiano, se produce una violación del alma infantil.

Cualquier tipo de abuso, sexual, físico, emocional o el mismo abandono, quiebra la expectativa del niño de ser cuidado y protegido por sus progenitores y le coloca en una situación imposible para sobrevivir.

Tiene que arreglárselas para continuar viviendo en un entorno impredecible e inseguro para él debido a adultos que son fuentes de peligro o causa de un abandono y descuido peligrosos, al mismo tiempo que necesita apegarse a ellos para poder sobrevivir.

El niño vive la terrible y perversa paradoja del abuso infantil. Sus cuidadores son al mismo tiempo figuras de apego a las que recurre en busca de protección y de consuelo y además los causantes de un peligro y de una amenaza real y cierta.

La simultaneidad de ambos procesos fija el destino del futuro adulto, creando un terrible mecanismo y un círculo vicioso que le acompañará en adelante y que será responsable de su vulnerabilidad ante todo tipo de relaciones tóxicas. Es el apego al perpetrador.

Cuanto más aterrorizado y angustiado esté el niño, más se aferrará al perpetrador.

Aunque suelen creerse en manos de un destino ciego e implacable que los condena al sufrimiento, lo cierto es que, sin saberlo, el trauma ha hiperactivado en estos niños un enganche al obstáculo. Algo tan funesto y terrible denominado en griego *skandalon* (obstáculo que engancha) y a lo que el mismo Jesucristo en la Biblia reserva la peor de las condenas.

Aquellos que condenan a los niños a quedar vinculados y atados al trauma a través de la fijación en el obstáculo (*skandalon*) son merecedores de que se les arroje al río con una piedra de molino al cuello (Lc 17, 2).

El escándalo o *skandalon* en griego podría traducirse como «un obstáculo con el que uno se tropieza sistemáticamente».

*Escandalizar* a un niño y quedar *escandalizado* supone, según el genial análisis del antropólogo René Girard, quedar vinculado sin querer a un proceso cíclico e inconsciente de tropiezo sistemático con un mismo obstáculo y, por tanto, a repetir el trauma básico original del intento frustrado del niño de encontrar una base segura.

Ese niño, hoy adulto, sigue estando hoy absorbido (poseído) por el *skandalon*. De algún modo es atraído hacia el obstáculo, y reactiva y recrea situaciones en las que se sitúa una y otra vez en riesgo de volver a vivir la traición, el abuso y el abandono.

Nada tiene esto que ver con un deseo inconsciente de castigo o deseo masoquista de sufrir.

Las neuronas espejo y su funcionamiento mimético explican sobradamente el modo en que alguien, completamente normal por lo demás, puede ver comprometidas su vida y sus emociones en esos ciclos de abuso repetitivos.

Fijado y petrificado en la antigua vivencia de un trauma infantil de abandono o traición, el adulto repite cansinamente los mismos errores y patrones situacionales, esperando obtener resultados distintos, con la misma y frustrante consecuencia: la repetición compulsiva del trauma original.

### El *skandalon* o el proceso de apego al perpetrador

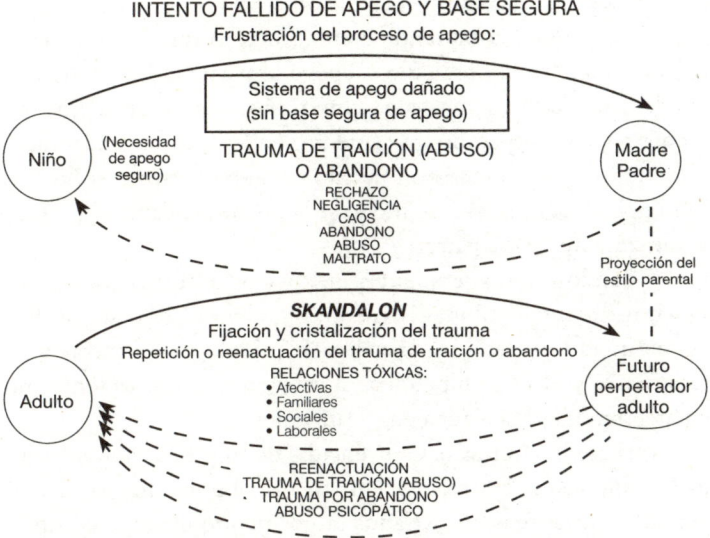

La repetición de dicha frustración va desgastando cada vez más a una persona que, sin entender nada, permanece fijada y encadenada durante años sin término a diferentes tipos de obstáculos.

Liberar a la persona de esa compulsión de repetición identificando el obstáculo es la tarea de la psicoterapia y es parte esencial de la misión de este libro.

Para ello es imprescindible alejarse de míticas representaciones culpabilizadoras y revictimizadoras, como la de la supuesta complementariedad o carácter masoquista de las víctimas de los psicópatas integrados (psicoanálisis, teoría de la complementariedad y similares).

Es crucial ayudar a la víctima a entender su propia inocencia desde la explicación técnica de cómo funcionan el mimetismo y las neuronas espejo en materia de deseo y cómo se activa el *skandalon* en las víctimas como apego al obstáculo.

Una vez que comprende cómo funciona miméticamente el encadenamiento al obstáculo o apego al perpetrador, la víctima puede entenderse a sí misma no como autora de extraños procesos inconscientes, sino como inocente por haber sido «escandalizada» por adultos que no cuidaron de ella y que perpetraron sobre ella todo tipo de abusos. De ese modo se le puede ayudar a salir rápida y eficazmente de ese patrón.

Cuando ciertos terapeutas inexpertos o perversos, y otros muchos *coachs* tan voluntaristas como ignorantes, se dedican (frecuentemente desde el psicoanálisis, la psicología «positiva» y las terapias *New Age*) a culpabilizar a las víctimas, sus pacientes no encuentran mejoría alguna en su sufrimiento.

Ocurre lo contrario. Convencidas de su propia responsabilidad o culpa en la creación de un vínculo obsesivo nocivo, o creyéndose portadoras de extraños rasgos masoquistas de complementariedad o codependencia, ven incrementado el riesgo de romper el Contacto Cero y volver a ser enganchadas una y otra vez por sus abusadores psicopáticos, que las culpan igualmente de ser ellas las causantes del problema.

A aquellos niños que buscaban un entorno seguro, predecible y consistente al que apegarse, se les ofreció a cambio un entorno familiar desregulado, caótico o abusivo, en el que sus progenitores no fueron capaces de ofrecerles la suficiente validación ni la debida protección.

Ese entorno se convirtió para ellos en invalidante o abusivo, y en él, sus necesidades básicas de consuelo, refugio y seguridad no obtuvieron la respuesta adecuada.

El resultado catastrófico para estos pobres niños perdidos fue una incapacitación para el apego en sus relaciones adultas normalizadas, debido a dos tipos de limitaciones psicológicas creadas por las familias tóxicas:

1. El estilo de comunicación familiar perverso o distorsionado les convenció de que estaban equivocados tanto en sus pretensiones o necesidades de cuidado como en la descripción y la vivencia de sus propias necesidades y emociones, que eran sistemáticamente ignoradas, puestas en duda o distorsionadas (en especial las que tenían como causa la conducta negligente, abandonista o abusiva de sus progenitores).

2. La injusta y fraudulenta atribución de las emociones dolorosas y de los mecanismos de supervivencia del niño abusado, *acting out* (rabia, violencia, conducta adictiva, rebeldía, etc.) o *acting in* (depresión, indefensión, retraimiento, timidez, somatizaciones, etc.), a una personalidad deficitaria o incluso a rasgos psicopatológicos.

En ese entorno «escandaloso» el cachorro humano se vio sometido a dos fuerzas contrapuestas biológicamente, predeterminadas e inscritas en el genotipo, que tenían el mismo objetivo de supervivencia:

- Un sistema de aproximación o sistema de apego que le lleva a sentirse seguro en un entorno predecible y consistente que lo cuide, alimente y proteja del peligro.
- Un sistema de huida que debería llevarle a escapar del dolor que le producen sus progenitores cuando no

respaldan ni validan sus emociones o incluso cuando no las cuestionan, comportándose de manera abusiva.

O, lo que es lo mismo, una dicotomía insalvable entre:

- La imperiosa y genéticamente determinada necesidad de apegarse a unos progenitores, emocionalmente tóxicos por indisponibles, abandonistas o abusivos.
- El problema de tener que defenderse, contraatacar o huir de esos mismos progenitores.

La solución a este rompecabezas mental no fue otra que la *disociación estructural* o partición de la personalidad del niño o de la unidad del Yo.

El recurso a la disociación produce un *split* o hendidura profunda en la unidad de la psique del niño traumatizado que le permite sobrevivir y atender a las exigencias de ese doble mecanismo que lo desgarra internamente.

El niño consigue integrar las dos experiencias simultáneas e incompatibles a base de compartimentar sus experiencias dolorosas y asignarles lugares estancos, facetas, o personalidades que rompen el Yo en particiones o fragmentos más o menos conectados.

La disociación estructural de la personalidad produce la aparición de toda una pléyade de «patologías psicológicas y psiquiátricas» aparentemente inexplicables en un niño/adolescente/adulto, que le van a ser atribuidas como males endógenos:

- Los trastornos de conversión somática (enfermedades psicosomáticas).
- Las enfermedades somáticas (enfermedades físicas generadas por el desgaste del sistema de defensa o inmunológico, como alergias, enfermedades autoinmunes, etc.).

- Los trastornos disociativos de la personalidad (personalidad múltiple, desórdenes disociativos, esquizofrenias,
  psicosis, etc.).
- Los trastornos de la personalidad límite (*borderlines*).
- Los trastornos de la personalidad (paranoide, narcisista,
  por evitación, histriónico, etc.).
- Las adicciones de todo tipo.

El problema radica en que, una vez iniciado el proceso de
disociación en la más temprana infancia, nada parece detenerlo y el
niño *escandalizado* sigue y sigue ensayando la búsqueda del amor
incondicional no recibido en el momento adecuado.

Una vez fijados esos patrones, acompañarán al niño por el
resto de su vida, haciéndolo vulnerable al abuso psicopático adulto.

# 9

# LA PROYECCIÓN DEL ABUSO INTRAFAMILIAR INFANTIL EN LA VIDA DEL ADULTO

El modo en que el trauma sufrido se reproduce no tiene nada de masoquismo y por el contrario obedece a razones técnicas profundas bastante lógicas.

Van der Kolk dice, por su experiencia de trabajo clínico con las víctimas del trauma intrafamiliar temprano, que es habitual que estas continúen recreando el trauma para ellas y para otras personas como forma de buscar una segunda oportunidad para controlar la experiencia, intentando darle un final feliz alternativo y, por tanto, entrando en la máquina del tiempo una y otra vez, con resultados funestos. Los veteranos de las guerras se alistan como mercenarios, las víctimas del incesto parental pueden volverse prostitutas, las víctimas del maltrato físico pueden autolesionarse y las víctimas del abuso infantil pueden llegar a colocarse en situaciones similares de abuso en sus futuras familias.

Vivir un vínculo traumático en la infancia puede ser la causa de que se arrastre por el resto de la existencia un estilo de vida que, sin saber cómo ni por qué, reproduce esas mismas condiciones en las relaciones futuras de la víctima.

El abuso violento, sexual o emocional en las familias disfuncionales a manos de madres o padres psicológicamente indisponibles, emocionalmente abusivos, abandonistas o manipuladores se encuentra muy frecuentemente en el historial de las víctimas de psicópatas que atendemos.

Los traumas de traición vividos en sus familias de origen impiden que los psicópatas integrados víctimas sean capaces de percibir sus malas intenciones.

Quienes no tuvieron la oportunidad desde niños de distinguir a quienes buscan su bien o maquinan su mal desarrollaron una incapacidad esencial de discriminar y discernir y separar correctamente a amigos de enemigos y, lo que es peor, son ya incapaces de fiarse de sus propias percepciones de la realidad. Presentan especiales dificultades para defender los límites frente a los demás, pues no aprendieron a decir que no, a defenderse, a señalar ni defender límites ni barreras frente al abuso de sus progenitores.

Esos traumas de traición crearon *guiones de vida* desde muy temprana edad, que funcionan a modo de replicantes profecías autocumplidas.

Con el tiempo la víctima fue cada vez más vulnerable y perdió toda capacidad de detectar a los depredadores que aparecían en su vida y que sabían identificar esa vulnerabilidad oculta en ella.

La adicción al peligro, a las emociones intensas, al drama emocional y a vivir al límite de la tragedia no son sino las reminiscencias de lo que el niño vivió en su entorno familiar. Explican la facilidad de aclimatarse a lo peor y la persistencia en el mantenimiento de vínculos de traición con los demás, cada vez más destructivos.

Los vínculos traumáticos pueden establecerse muy rápidamente y durar décadas o una vida entera.

Los relatos de víctimas de los peores abusos psicopáticos están llenos de situaciones que les recuerdan cosas que ya vivieron en sus familias de origen a manos de progenitores a los que no dudan en calificar como psicópatas.

Los niños que sufrieron el maltrato físico o lo presenciaron en sus familias de origen quedan con el sistema de alerta averiado o congelado. Una vez inutilizada la alarma ignoran las primeras señales de una pareja abusadora o infiel.

Los niños que sufrieron abuso sexual a manos de sus padres biológicos o adoptivos despliegan sistemas de apego ambivalentes, que son aprovechados por abusadores adultos.

Los niños abandonados generan una tendencia compulsiva a hacer cuanto sea necesario para que no los vuelvan a dejar tirados. Harán cualquier cosa y sufrirán cualquier humillación para mantener a su lado a los peores maltratadores. No quieren sufrir de nuevo la experiencia terrible del abandono.

Los niños que fueron *escandalizados* así se convirtieron en pequeños adultos, cuidadores de los progenitores que los abandonaron. Este proceso se denomina *parentización* o reversión del cuidado parental.

De esta forma se acostumbraron a relegar sus necesidades de cuidado y cariño o incluso a acallarlas internamente sin llegar siquiera a sentirlas.

No se consideran merecedores de cuidados y atenciones de otros por haber tenido que prestarlos desde niños a sus propios progenitores, y no es raro que acaben siendo cuidadores profesionales (asistentes sociales, enfermeras, sacerdotes, psicólogos, médicos).

Esta actitud de *alma mater* o *pagafantas* ha sido estudiada y descrita en algunos de mis libros (véase *Las 5 trampas del amor: por qué fracasan las relaciones y cómo evitarlo*) y tiene base en el trauma *abandónico* de niños *parentizados* que vieron invertido el proceso de apego seguro y tuvieron que convertirse ellos mismos en la base segura de unos progenitores inseguros o ambivalentes.

De este modo el trauma de infancia se proyecta en el tiempo convirtiendo a los niños escandalizados en títeres del mecanismo de *apego al perpetrador* y en futuras víctimas del peor abuso psicopático por parte de otras figuras sustitutivas (pareja, familiares, amigos, socios, colegas profesionales).

El fallido proceso de apego forjó un apego inaudito a los peores perpetradores, generando una lealtad y una fidelidad absolutamente inconcebibles, ajenas a la lógica y al sentido común.

Por ello, la recuperación y el escape de una relación con un psicópata integrado suele requerir apoyo y asistencia continuada de un profesional experimentado y acreditado que pueda dar a la víctima la clave de salida y huida del proceso de victimización.

Recordemos una vez más que cualquiera puede desarrollar un vínculo traumático de traición siempre y cuando haya aprendido los elementos básicos de la indefensión y la disociación en la infancia. Esto no depende de la inteligencia ni de la formación de la persona.

El núcleo esencial de un vínculo traumático de traición es la experiencia inconmensurable que para cualquiera supone ser traicionado, sufrir abusos y ser dañado por los suyos.

Aunque el cerebro humano ha sido diseñado para afrontar las situaciones de peligro o amenaza exterior, no está preparado para enfrentarse al daño cuando este procede de las personas más próximas y significativas.

No podemos encajar adecuadamente la traición y el trauma cuando proceden de nuestros seres queridos más cercanos.

El cerebro empieza a funcionar mal. Entra en un modo de repetición, queriendo entender lo incomprensible y tener control sobre la experiencia traumatizante, volviéndola a representar una y otra vez en la mente (*flashbacks*) y después en la vida real, mediante la compulsión de repetición (*la extraña repetición compulsiva del trauma*), como si fuera un eterno retorno.

La repetición compulsiva del trauma de traición lleva a mantener cerca de nosotros a otros seres que nos traicionan igualmente, sin poder siquiera colegir el mecanismo que la causa.

La vulnerabilidad de la víctima del trauma relacional familiar temprano es aprovechada de un modo oportunista por los psicópatas integrados, que son perfectamente capaces de manipular a sus víctimas con enorme facilidad. Esos mecanismos de manipulación se aprovechan de la vulnerabilidad de los niños perdidos ante la denominada promesa de redención o ilusión del amor.

# 10

# CÓMO EL TRAUMA
# DE TRAICIÓN GENERA
# LA VULNERABILIDAD ANTE
# LAS PROMESAS DE REDENCIÓN

La madrastra finge ser benevolente con Blancanieves.

No es extraño que esto ocurra. Sin embargo, llama la atención cómo los tres intentos de manipular a la niña simulando hacerle un regalo o un bien no la lleven tan siquiera a sospechar las malas intenciones de la vieja bruja.

Los sucesivos intentos de la madrastra de eliminar a Blancanieves mediante artimañas tienen el mismo tipo de respuesta en la niña: total ingenuidad y cero desconfianza.

La niña no retrocede ni desconfía de las intenciones de la vieja ante la cinta con la que intenta estrangularla, ni ante el peine envenenado que le clava, ni ante la manzana tóxica que le ofrece.

Después de los dos primeros intentos algo debería haber alertado a la niña para que se cuidara de las malas intenciones de la madrastra disfrazada y, sin embargo, no es así.

Las víctimas de abusos infantiles o de familias disfuncionales franquean la entrada en sus vidas a los peores personajes, de los que no sospechan su verdadera intención.

Los *vínculos traumáticos de traición* se caracterizan por estos tres fenómenos:

1. La ingenuidad o *naiveté* pertinaz y ajena al sentido común.
2. La incapacidad de desvincularse o separarse de la relación tóxica o adicción al perpetrador.

3.  La ceguera relacional o negación de la realidad del abuso que conduce a la propia destrucción.

---

## SILENCIO Y REFLEXIÓN PARA TU RECUPERACIÓN
### Síntomas de que sufres un vínculo traumático de traición

Estas son las señales que te permiten evaluar si sufres un vínculo traumático de traición:

Si te obsesionas por personas que te han hecho daño y que hace tiempo que están fuera de tu vida y, aun así, te preguntas por lo que será de ellos y qué estarán haciendo. O simplemente si sigues pensando en ellos.

Si buscas contacto con personas dañinas para ti, que sabes de sobra que no te convienen y que te van a hacer daño.

Si sigues acudiendo al rescate y en ayuda de personas que han demostrado ser destructivas para ti.

Si sigues jugando a ser honesto y leal con personas que te han hecho daño o te han destruido.

Si sigues queriendo contactar con personas que te han utilizado de forma abusiva.

Si sigues queriendo confiar en personas que han demostrado sobradamente que no son dignas de tu confianza.

Si no eres capaz de distanciarte y desapegarte de relaciones perjudiciales o tóxicas.

Si pretendes ser comprendido por personas a las que no les importas nada y «pasan de ti».

Si eliges seguir en contacto con personas nocivas a las que te costaría poco apartar de tu vida.

Si persistes en convencer a personas nocivas de que existe un problema, aunque ellas nunca estén dispuestas a recapacitar o a responsabilizarse por nada.

Si sigues siendo leal a personas que te traicionaron.

Si te ves atraído una y otra vez por personas no fiables ni recomendables.

→

Si guardas el secreto de los abusos que has sufrido a manos de personas nocivas, y no cuentas nada a nadie para taparlas o encubrirlas.

Cuando mantienes el contacto con un abusador que no reconoce responsabilidad alguna por sus acciones, ni se siente concernido por el daño que te ha causado.

El trauma original y la experiencia del abuso o la negligencia por parte de quienes debieron cuidar a la víctima la sitúan en una vulnerabilidad relacional formidable respecto a la promesa de redención que subyace en toda seducción.

En efecto, en el núcleo de todo abuso psicopático se encuentra la falsa promesa de redención que el depredador va a usar como cebo para su víctima.

La estratagema usada por todas las madrastras del mundo es siempre la misma: apoyarse en el vacío, el trauma, la herida o la vulnerabilidad personal del niño herido por el trauma de la orfandad psicológica. La promesa de redención es diseñada por el psicópata como el remedio o panacea para el dolor del abandono que aflige a ese huérfano.

La promesa de redención le permitirá curar o calmar la herida, eludir el vacío, superar el duelo. En una palabra, resolver el dolor emocional que la víctima padece.

El uso manipulador que hacen las madrastras de esa promesa es tan eficaz que conduce a toda víctima a abandonar el sentido común y el sentido de realidad, sin siquiera querer chequear la veracidad de su contenido.

Ello no depende de la mucha o poca inteligencia de la víctima, sino de la formidable capacidad de la madrastra de captar y emular todas las necesidades de su víctima (un lazo, un peine o una manzana) y convertirlas en soluciones mágicas que solamente ella puede proporcionar.

Desea tan desesperadamente lo que la madrastra le promete que entra en el espejismo de la falsa realidad.

El deseo de creer en la verdad de la promesa de redención es tan intenso y el espejismo es tan poderoso que la víctima ignora lo evidente y más obvio y termina aceptando lo más increíble.

La creencia en la veracidad de la promesa de redención ejerce un efecto inmediato de fascinación o encantamiento en la víctima, que entra en un trance o sopor de la consciencia, viviendo en el mundo paralelo de la seducción psicopática.

De este trance la víctima saldrá completamente paralizada (Blancanieves queda como muerta según el cuento) y destruida, generando los sentimientos de duelo, tristeza o culpa por seguir dudando de si finalmente la promesa pudiera ser cierta o si ella la merece.

## El *skandalon* como trance hipnótico

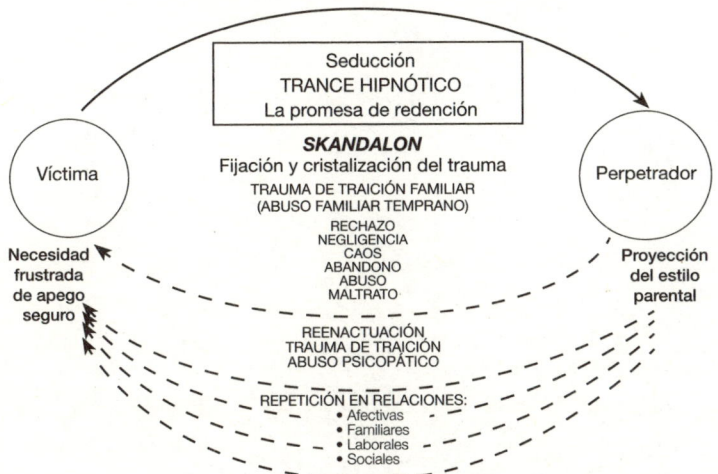

La promesa de redención no es más que un artefacto en la mente psicopática, producto de su capacidad camaleónica de detectar emociones, copiarlas y devolvérselas a la víctima en forma de soluciones mágicas.

La víctima del trauma infantil desea tener esperanza de que sea cierta la promesa, y eso hace que caiga en todas las trampas de sus reiterados maltratadores.

Entender las características internas de este proceso de engaño y seducción basado en las antiguas heridas de la víctima es esencial para su recuperación.

# 11

# LA SEDUCCIÓN PARENTAL EN LA FAMILIA DISFUNCIONAL O FAMILIA ZERO

La vulnerabilidad ante la seducción y las ataduras propias del abuso psicopático no es cuestión, en absoluto, de debilidad de carácter, de falta de personalidad o de poca inteligencia o estupidez de las víctimas. Hunde sus raíces en procesos biológicos y neurológicos que van a ser activados por el escenario de traición vivido por el niño en su relación con el progenitor autor del abuso psicopático.

Los escenarios del trauma de traición infantil en la familia de origen producen generalmente el *set* o estilo de respuesta estereotipado, fijo y congelado que encontramos después en la vida adulta y que perjudica a tantas víctimas de psicópatas.

La emocionalidad y calidez que simula la madrastra del cuento (un falso progenitor) ante Blancanieves mediante su máscara externa de benevolente viejecita genera en ella una respuesta arquetípica, que se observa en todas las víctimas del abuso psicopático y que incluye la confusión, la negación y la disonancia cognitiva.

La mera apariencia de cariño, las falsas declaraciones de amor, la supuesta dedicación, el presunto cuidado y la constante autopropaganda («nadie te quiere como tu mamá») de los psicópatas en las relaciones familiares configuran un escenario de traición que resulta muy incisivo y permanente en la personalidad del niño sometido a esa seducción.

Este escenario dual de declaraciones de amor y de máscaras de supuesto cariño familiar y cuidado no resiste ningún análisis de la realidad de los hechos.

También en los escenarios de relaciones con familiares psicópatas hay que aplicar la regla de oro evangélica que rige para los demás *psychos*, y que recomienda atender a los hechos y no a las declaraciones: «Por sus obras los conoceréis».

La seducción psicopática no se detiene ante los propios hijos.

Lo mismo que el resto del mundo, también los hijos de los psicópatas integrados resultan a la postre enganchados y seducidos por ellos.

¿De dónde sacarían la conciencia o los escrúpulos morales para detener sus maquinaciones o limitarlas ante sus propios hijos?

Aunque resulta inaceptable para muchos, los psicópatas, incapaces de amar a nadie, tampoco aman a sus hijos. Los seducen, manipulan y dirigen de mil maneras perversas, que muchos de ellos no advierten hasta muy avanzada edad y que la mayoría jamás es capaz de identificar y reconocer.

El abuso psicopático de un progenitor (una madrastra) *psycho* hacia sus hijos no es diferente del resto de abusos psicopáticos comunes. Solo que, en este caso, está enormemente potenciado por los mecanismos biológicos del apego humano, que ya hemos analizado. Dichos mecanismos facilitan la labor psicopática más perversa, pues conspiran a favor de inhibir la desconfianza del niño hacia sus progenitores psicópatas, por muy lesivas y abusivas que sean sus actuaciones.

Para desesperación de muchas parejas de psicópatas que comparten con ellos los hijos comunes, no hay casi nada que hacer cuando los niños son pequeños para mostrarles y demostrarles que su *papi* o su *mami* son consumados artistas de la simulación de la paternidad o maternidad y que en realidad son falsos padres (padrastros) o madres (madrastras) psicopatizados.

Los poderosos mecanismos del apego humano explican la pertinaz e incombustible ceguera de un niño pequeño para cuestionar a su padre o a su madre, por muy psicópatas que sean.

Los niños lo aguantan todo, lo resisten todo, lo perdonan todo y lo olvidan todo con tal de mantener sus pequeños recursos biológicos de supervivencia basados en el sistema de apego.

Suelen ser seducidos sin remedio en la infancia por sus progenitores psicópatas, y tan solo en la edad adulta, a veces mediando años de psicoterapia y de trabajo interior, podrán tener alguna oportunidad de reconocer de forma dolorosa que «no hubo nadie para ellos» y que sus aparentemente amantes progenitores no eran más que consumados artistas de la simulación y de la seducción.

Generalmente estos procesos de revelación y *awareness* adulto suelen venir motivados por otros procesos de victimización en los que estos antiguos niños, otrora seducidos por un progenitor psicópata, han sido enganchados y reenganchados una y otra vez por todo tipo de depredadores psicopatizados de los que cada día pueblan más nuestro mundo.

Con harto dolor, estos pacientes se ven abocados a identificar y reconocer que fueron enganchados en todo tipo de relaciones (de pareja, amistades, colegas, socios) por otros psicópatas que les resultaban familiares debido precisamente a rasgos que compartían con sus padres o madres psicópatas.

La súbita revelación del mecanismo de enganche psicopático basado en la seducción (alta calidez + baja intencionalidad) los lleva a empezar a abrir la puerta al doloroso reconocimiento del mismo mecanismo en sus relaciones familiares más tempranas, en las que ya vivieron los siguientes modos perversos de la seducción parental:

- Expresiones y *declaraciones formales de admiración y cariño aparentes* pero desprovistas de contenido real amoroso (te quiero, eres mi niña, mi princesa, nadie te quiere más que yo).

- Expresiones y *declaraciones verbales de cuidado y preocupación meramente formales o nominales*, sin reflejo alguno en los hechos (me preocupo por tu bienestar, me preocupo por ti, nadie te cuida como yo).

- Gestos de afecto y *anclajes físicos superficiales y externos* (abrazos, besos, caricias y todo tipo de contacto físico) que fueron solo meras apariencias de cariño, pero que realmente estaban desprovistos de resonancia emocional afectiva real y profunda.

- Obligación de *tomar partido a favor del progenitor psicopatizado*, usando revelaciones inadecuadas de secretos familiares, presentando sesgadamente sus conflictos conyugales o problemas personales bajo apariencia de confianza en el niño. Estos comportamientos realmente lo dañaban, al poner sobre sus hombros la carga emocionalmente inasumible de corresponder a la seducción del progenitor psícopata, tomando partido por él en sus guerras contra el otro cónyuge.

- Asignación al niño de un *rol adulto de cuidador* (el hombre de la casa, la que cuida de mí, etc.), «confiando» a él problemas que lo superaban (alcoholismo, drogas, ludopatía, violencia doméstica, enfermedades físicas o mentales, etc.).

- Colocación indebida e inadecuada del rol del niño como *pareja de facto* del progenitor psícopata, como fuente de consuelo, compañía o explotación parasitaria de varios tipos (económica, afectiva, sexual).

La verdadera agenda encubierta que encontramos bajo estos variados modos de seducción es el intento de un progenitor manipulador y psicopático de usar a su hijo en su propia ventaja y beneficio, obviando su necesidad de ser amado y atendido como un fin en sí mismo.

Al privarle de su expectativa razonable y humana de ser cuidado y atendido por sí mismo, como niño, este aprende un *guion de vida* nocivo que luego repetirá en su existencia adulta y que lo conducirá a ser depredado por otros psicópatas, que verán en él un filón de oportunidades de aprovechamiento, uso y abuso.

El citado guion consiste en la falsa creencia de que el amor, la aceptación, la seguridad, el éxito, la intimidad y hasta la salvación de su alma dependen fundamentalmente de su propia capacidad de «hacer las cosas bien» y de «portarse bien».

El contenido del guion no es estúpido, pues solamente hay algo peor que aceptar que no te quieran, y es que no haya una razón para ello.

Para el niño, es menos doloroso creer que hay alguna razón para que no le hayan cuidado y amado incondicionalmente, aunque esta razón la tenga que inventar y crear en su interior.

La razón de no haber obtenido el afecto, el cuidado o el amor incondicional de un progenitor psicópata no se encuentra obviamente dentro del niño, sino fuera de él, en la incapacidad de amar a nadie, incluidos sus propios hijos, que tienen todos los psicópatas, pero la manipulación psicopática se lo hace ver así falsamente.

El niño crece creyendo que debe portarse bien con sus maltratadores, y que si ellos se portan mal y abusan de él se debe a su mala actitud, a sus defectos o incluso a no ser digno o merecedor del amor.

El guion central de la seducción lleva al niño a crecer manteniendo en su interior la idea de que el camino hacia el amor, la intimidad y la aceptación pasa por su habilidad para hacer lo que cree que los demás quieren o esperan que haga.

Su bienestar y su sensación de seguridad quedan vinculados a su capacidad de complacer, adaptarse o plegarse a las necesidades, ocurrencias, caprichos o abusos de los demás.

# PARTE II

## TIPOS DE FAMILIA ZERO Y TIPOS DE REACCIONES AL TRAUMA INTRAFAMILIAR

# 12

## LA FAMILIA ZERO COMO GENERADORA DE VULNERABILIDAD AL TRANCE DISOCIATIVO Y A LOS GUIONES DE VIDA TÓXICOS

Uno de los aspectos centrales de mi trabajo en la recuperación psicológica de las víctimas radica en poder explicarles el papel de su familia disfuncional de origen en los abusos posteriores en la vida adulta.

Es común observar que el abuso psicopático en pareja (el Amor Zero) o el acoso psicológico en el trabajo (*mobbing*) tiene como víctimas a muchos adultos altamente vulnerables a estos tipos de abusos debido a la herida siempre abierta, aunque habitualmente encubierta, que dejó en ellos la inconmensurable experiencia traumática de una Familia Zero.

Denomino «Familia Zero» a toda familia disfuncional caracterizada por el abuso y el trauma que causa en los hijos una herida abierta y permanente en forma de reacciones disociativas, *guiones de vida* o *vulnerabilidad al trance* que los llevan a convertirse fácilmente en víctimas de todo tipo de abusos en la vida adulta.

Y es que una Familia Zero es, ante todo, un tipo de familia tóxica encubierta, cuyas víctimas casi nunca la identifican como tal, pues las personas que vivieron en este tipo de familias en las que el abuso y el trauma eran la tónica no suelen ser conscientes de la relación que hay entre haber pertenecido a ese tipo de familia y los abusos que después, como adultos, han ido encadenando en todo tipo de relaciones tóxicas: *mobbing*, acoso moral, abusos psicopáticos, etc.

Viven como Blancanieves, sumidas en un tipo de trance hipnótico o sopor (ni vivas, ni muertas) que las lleva a todo tipo de guiones de vida tóxicos que siguen al pie de la letra sin darse cuenta.

Son particularmente vulnerables a la seducción narcisista y
psicopática debido a que la vivieron de forma habitual en sus
familias y terminaron normalizando las siguientes experiencias:

- La *intrusión* en los límites del niño era la tónica; y el
  respeto a sus límites, privacidad o intimidad, la excepción. Por ello no aprendió que el respeto de los propios
  límites es exigible a los demás.

- El *abuso* y la *explotación* habituales a que estaba sometido
  pusieron al niño ante la necesidad de banalizarlos y tri-
  vializarlos; por ello hoy, como adulto, se siente como un
  juguete roto o averiado.

- El *cuidado* y la *protección* del niño no existían o no eran
  prioritarios, lo que le llevó a aprender a hacer lo mismo
  consigo mismo, es decir, a abandonarse o descuidarse
  (*me trato como me trataron*).

- La *inseguridad* e *impredecibilidad* de la violencia, los abusos
  o las reacciones inconsistentes de los progenitores llevaron al niño a perder toda capacidad de estar vigilante o
  alerta, y a desarrollar una pavorosa ingenuidad que hoy
  como adulto le deja inerme e indefenso ante las peores
  situaciones al no llegar a detectarlas a tiempo.

- La *inconsistencia* e *inconstancia* parental condujeron al niño a perder todo juicio, discernimiento, sentido común
  o seguridad en su propio criterio abandonando la lógica por la magia o la imaginación, y haciéndole incapaz
  de enfrentarse a los peores abusos y manipulaciones ya
  en la vida adulta.

- Los *secretos* y la *distorsión* de la comunicación llevaron al
  niño a no poder contactar con sus propias emociones,

que eran negadas, y al desarrollo de un falso YO que como un radar aprendió a detectar y aclimatarse a lo que intuía o adivinaba que los demás esperaban de él.

- La *vergüenza* tóxica o sentimiento de *inadecuación* e indignidad llevó al niño a no poder sentirse digno de amor, aceptación o cuidado, y a aceptar y esperar de los demás todo tipo de abusos, maltrato, traición o abandono, con naturalidad.

- La *seducción* que vivió en su familia llevó al niño a ser vulnerable a cualquiera que le prometiera amor, cuidado, compañía o amistad, sin cuestionar sus intenciones ni poder siquiera ver la trampa del manipulador-seductor. Así el adulto que es hoy es atraído una y otra vez por las trampas de los que le prometen «el oro y el moro».

- La *familiaridad* con la *traición* hace que el niño termine buscando en su vida sin saberlo los patrones familiares conocidos entre los sujetos más depredadores que lo van a dañar y traicionar. El maltrato y el abandono son contratados repetidamente por el adulto, que ignora que el origen de su trauma está en su Familia Zero.

## Tipos de Familia Zero

Podemos identificar cuatro tipos básicos:

*Tipo 1. Adicta*: alcoholismo, adicción a sustancias, al juego, etc.

*Tipo 2. Emocionalmente inestable*: caos, negligencia, falta de cuidados, inconsistencia e incongruencia en la educación parental, enfermedad mental, psicosis, depresiones, trastornos de la personalidad.

*Tipo 3. Violenta y abusiva*: violencia doméstica, maltrato y abusos físicos y sexuales. Incesto. Violación de todo tipo de límites. Gestión por el terror, el miedo y las amenazas.

*Tipo 4. Manipuladora*: manipulación, seducción narcisista y abuso psicopático. Uso y abuso. Coacciones, chantajes, incesto emocional.

En estas Familias Zero los niños no tienen ninguna oportunidad de desarrollar un tipo de apego seguro que les permita enfrentarse con firmeza a los avatares de la vida adulta. Normalmente entran en un «modo de supervivencia» que los lleva a vivir disociados de la realidad, en mayor o menor grado, y a comportarse como si vivieran en una especie de *trance* o hipnosis que los lleva a seguir determinados patrones automáticos en forma de «guiones de vida».

**Los cuatro tipos de Familias Zero**

**Tipo 1**
Adicciones
Alcoholismo
Abuso de sustancias
Ludopatía

**Tipo 2**
Emocionalmente
inestable
*Borderline*
Depresión

**Familias Zero**

**Tipo 3**
Violencia doméstica
Abusos físicos
Abusos sexuales

**Tipo 4**
Manipulación
Seducción narcisista
Abuso psicopático

Se aferran a un modo de funcionamiento robótico y semiautomático, distanciándose de sus propias emociones de daño y de las realidades familiares que las provocaron, comprometiéndose severamente su ajuste a la realidad.

Se tornan adictos a la irrealidad, la fantasía o la ficción como modos de escapar de una realidad cotidiana dolorosa a la que no pueden enfrentarse.

Cuanto menos esperanza sienten de satisfacer sus necesidades de apego y vinculación, más se exacerba su tendencia a vivir ajenos a su dolorosa realidad.

Algunos se convertirán en quijotes empedernidos, transformando sus vidas en una ficción, militando activamente en todo tipo de causas en las que proyectan sus traumas familiares, sin saber que son víctimas del *acting out*.

Muchos jamás regresan del sufrimiento, adoptando una dolorida actitud de retirada del mundo y de la realidad que les impide establecer vínculos estables con el común de las personas, a las que consideran fundamentalmente nocivas y peligrosas.

Otros optarán por militar en causas animalistas, medioambientales y ecológicas sin saber que están sufriendo el efecto de un tipo de *acting in* que les impide caer en la cuenta de cuál es el problema raíz y les imposibilita salir del trauma relacional originario.

Un nutrido grupo de ellos se convertirán en víctimas de las sectas o de los grupos más exclusivos y cerrados en los que pretenderán encontrar la intimidad, la protección, el cariño y la seguridad que sus familias no pudieron proporcionarles. El precio que tendrán que pagar en forma de sometimiento a los líderes de la secta y pérdida de su libertad individual será siempre más alto que el proceso de sanarse de las consecuencias de su Familia Zero.

Otros, al llegar la vida adulta, se convertirán en *nice guys* o *nice girls* agradadores profesionales, desarrollando una especial sensibilidad para adelantarse a las necesidades de los demás y complacerlos.

Algunos se especializarán en ser cuidadores profesionales y buscarán enganchar sus vidas a personas adictas o indisponibles, convirtiéndose en codependientes de estas.

Veremos a continuación las características de este tipo de Familias Zero y las reacciones que provocan habitualmente en sus miembros y que condicionan y afectan de por vida sus relaciones, creando condiciones de disfuncionalidad y sufrimiento.

Veremos cómo estos cuatro tipos de Familia Zero generan cuatro tipos de daños permanentes sobre el sistema de apego del niño en la vida adulta que explican además los emparejamientos tóxicos o colusiones más frecuentes.

**Los cuatro tipos de Familias Zero
y las cuatro salidas existenciales y relacionales**

# Las colusiones o emparejamientos habituales en la vida adulta

## Tipos de emparejamientos (colusiones) más frecuentes en la vida adulta

Alta necesidad de apego
a los demás

*IN*
*NICE GUY / GIRL*
*ALMA MATER*
CODEPENDIENTE
PAGAFANTAS

*OUT*
AMOR ZERO
MISIÓN
IMPOSIBLE
APEGO
AL OBSTÁCULO

Baja
necesidad
de éxito

Alta
necesidad
de éxito

*DOWN*
DEPRESIVO
INDEFENSIÓN
ADICCIONES

*UP*
GRANDIOSIDAD
NARCISISTA
PSICÓPATA

Baja necesidad de apego
a los demás

# 13

# LOS OCHO TIPOS DE PROGENITOR INDISPONIBLE. LAS CUATRO REACCIONES AL TRAUMA EN EL SISTEMA DE APEGO

## El progenitor zero: las ocho causas frecuentes de indisponibilidad como figura de apego

Para entender el fenómeno de la Familia Zero, hay que buscar sus antecedentes en los progenitores tóxicos y en las bases que causan generalmente su indisponibilidad psicológica para cuidar a sus hijos y atender de manera efectiva y eficaz su necesidad de crear una base segura de algo.

Las causas que hacen que un padre o una madre no atiendan a esas necesidades de cuidado y protección y se comporten de un modo negligente o abusivo hay que buscarlas en el desarrollo de ocho tipos de trastornos o condiciones psicológicas que provocan dicha indisponibilidad, a saber:

- **Alcoholismo, ludopatía y otras adicciones: el progenitor adicto**
  Los efectos adversos de las adicciones convierten a sus hijos en pequeños cuidadores o policías. Producen niños adultos que tienden a convertirse en *nice guys*, *alma maters* o *pagafantas* y en cuidadores compulsivos (codependientes).

## Trastornos psicológicos habituales entre los progenitores Zero o psicológicamente indisponibles

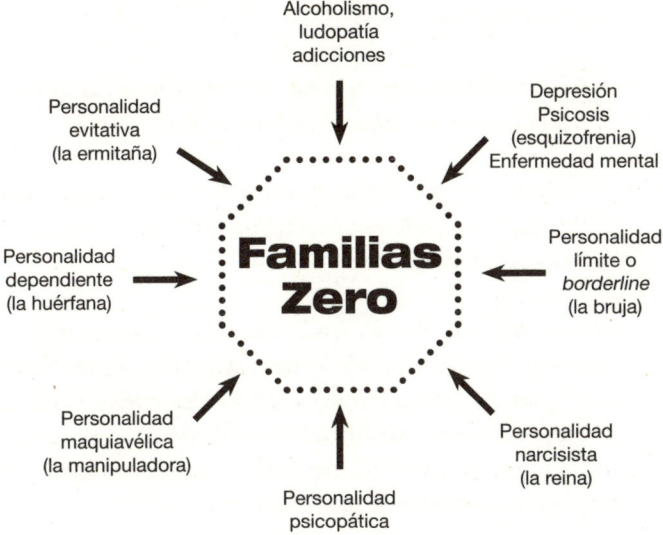

- **Depresión, psicosis u otras enfermedades mentales: el progenitor «depre»**
  Su enfermedad produce la indisponibilidad emocional o la conducta errática o inconsecuente que daña la autoestima e interfiere la construcción de un Yo consistente y robusto en el niño.

- **Personalidad límite o *borderline*: el progenitor «loco»**
  Sus conductas erráticas, sus explosiones de rabia o su tendencia a colgarse emocionalmente de los demás producen en el niño un proceso simultáneo de apego y desapego que puede hacer que desarrolle también un trastorno grave en su sistema de apego.

- **Personalidad evitativa: el progenitor «miedoso»**
  Producen en los niños inseguridad y suspicacia, así como una visión negativa del mundo y de las intenciones de los demás.

- **Personalidad dependiente: el progenitor «huérfano»**
  Producen en sus hijos la conducta de apego compulsivo.

- **Tríada oscura de las personalidades psicopáticas:**
  (psicópatas integrados o subclínicos) maquiavélicos, narcisistas y psicópatas.

Estos tres últimos constituyen la tríada oculta de las personalidades psicopáticas, son los psicópatas integrados o subclínicos. Destruyen el sistema de apego de sus hijos y les vuelven vulnerables a las promesas de redención, las almas gemelas, los seductores, las personas egocéntricas. Producen la disociación y el trance que los conducirán a un futuro de infelicidad y traumas.

# 14

# LA REACCIÓN *UP* A LA FAMILIA ZERO. LA HUIDA HACIA DELANTE EN LA GRANDIOSIDAD, EL ÉXITO Y EL NARCISISMO

**La reacción *UP* como sustitución del amor no recibido por el éxito y el logro**

La primera estrategia extrema que ensayan los niños escandalizados por las que viven en los entornos de las Familias Zero es intentar alcanzar mediante una ilusión el merecimiento del amor incondicional que les faltó.

Es la reacción que denominaremos *UP* o huida hacia delante en la búsqueda del reconocimiento externo y el éxito como sucedáneos del amor parental no recibido.

La ilusión procede una vez más del fallo del potente mecanismo del apego infantil humano. Si me esfuerzo, si tengo éxito, si soy grande, si los demás me aplauden y si gano el éxito social, demostraré que era digno del amor que mi Familia Zero no me proporcionó.

Esta estrategia del niño escandalizado por la falta de amor incondicional o por un aparente amor «condicional» a sus resultados procede de su aclimatación a las expectativas de los progenitores más narcisistas, que intentan compensar sus carencias tomando al hijo como una extensión de sus realizaciones en el mundo. Pero también procede del secreto miedo que atenaza al niño de no ser merecedor por defraudar las expectativas puestas sobre él.

## Los cuatro tipos de Familias Zero y sus efectos

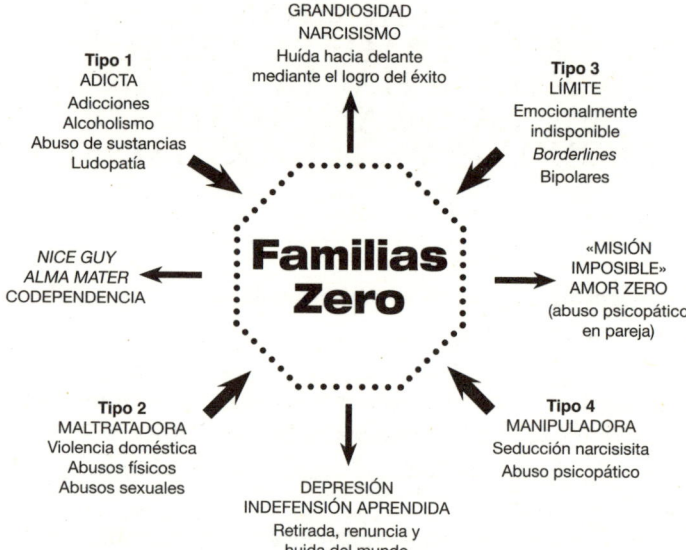

Tiene que garantizar esas expectativas y aprende desde muy pequeño que será amado solo en la medida que desarrolle y despliegue ciertas capacidades, talentos, inteligencia, belleza o realizaciones con las que pueda satisfacer las necesidades idealizadas de su Familia Zero, por lo que intentará generar una ficción de amor incondicional mediante su éxito o sus logros exteriores.

Este tipo de niños perdidos se esfuerzan denodadamente a lo largo de toda la vida en resultar «aptos» para unos padres que, sin importar lo que consigan, jamás les darán el visto bueno.

El miedo al fracaso les atenaza en lo más profundo. Su apariencia externa de éxito y grandiosidad lleva aparejado un profundo terror a no resultar validados por la diosa del éxito.

Detrás de esa fachada de resolución, decisión y aplomo que muestran, se esconde un yo muy quebradizo que requiere siempre de nuevas y mayores dosis de aprobación externa en forma de éxito social, profesional o económico.

## Los cuatro tipos de efectos traumáticos causados por las Familias Zero

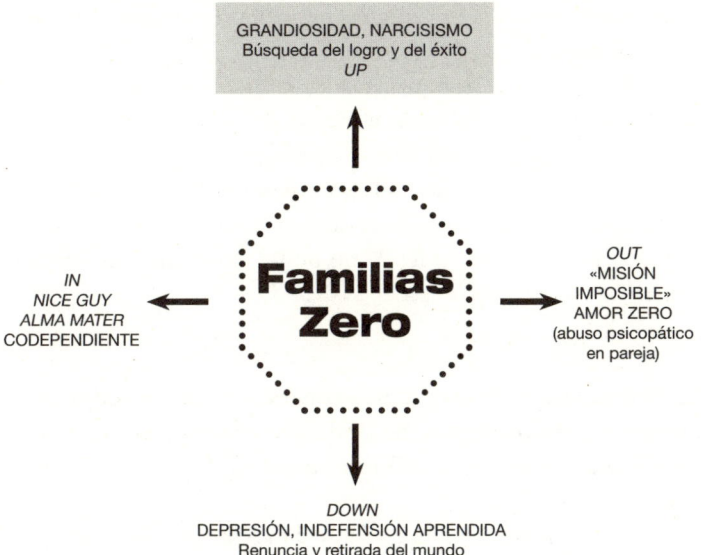

GRANDIOSIDAD, NARCISISMO
Búsqueda del logro y del éxito
*UP*

*IN*
NICE GUY
ALMA MATER
CODEPENDIENTE

**Familias Zero**

*OUT*
«MISIÓN IMPOSIBLE»
AMOR ZERO
(abuso psicopático en pareja)

*DOWN*
DEPRESIÓN, INDEFENSIÓN APRENDIDA
Renuncia y retirada del mundo

El terror se instala en ellos, pues cuanto más consiguen menos obtienen.

A pesar de sus grandes aptitudes y talentos en lo más profundo de su herida causada por progenitores fríos, «abandónicos», despegados o indisponibles, pervive el sentimiento de inadecuación y la secreta rabia infantil por no haber suscitado en ellos más que un pobre amor condicional y condicionado a que repita siempre el truco para el que lo amaestraron.

Por mucho que lo intente, no podrá salvar la verdad profunda y seguirá creyéndose inadecuado por no haber logrado el amor incondicional de sus progenitores.

Vivirá amenazado por la catástrofe que significaría fracasar y dejar de tener éxito.

Le faltará siempre la genuina autoestima de los niños basada en un apego seguro y en saberse incondicionalmente amados y aceptados por sus progenitores. Y ya no podrán obtenerla del exterior en la vida adulta por ningún procedimiento sustitutivo, aunque lo intenten.

Ni el éxito, ni la riqueza, ni las realizaciones humanas más extraordinarias podrán salvar el hecho de que ese pobre niño no fue querido, amado o cuidado.

Hasta que no renuncie a la grandiosidad de su huida adelante en el éxito y se permita vivir el duelo por unos padres indisponibles que no estuvieron para él, no podrá verse libre del fantasma del fracaso y sus terribles secuelas depresivas.

## La tentación de hacer algo espectacular para seducir, encantar, encandilar a los demás y obtener el amor en forma de reconocimiento social

Una primera forma de salir adelante con respecto a la ausencia del amor incondicional de la Familia Zero es realizar algo espectacular para seducir a los demás y obtener de ellos el aprecio y reconocimiento. Con esa finalidad hay que fascinarlos, asombrarlos, atraerlos, encantarlos o seducirlos para derivar de ellos la energía que el niño perdido no tiene.

Para ello es imprescindible cuidar y cultivar la «imagen» y la «apariencia» superficial y externa. Realizar algo insólito, único, inédito, inaudito, excepcional, diferente, excéntrico, fuera de lo común, original, para atraer el aplauso y la admiración del mundo entero. Realizar algo extraordinario y fuera de lo común que convierta a los demás en fascinados seguidores y admiradores de uno mismo.

En el caso de Jesucristo, el tentador le coloca en un lugar bien visible (el alero o pináculo del templo de Jerusalén) y le propone hacer un acto de manifestación gloriosa y majestuosa que arrastre a todos «en pos» suyo: «Tírate ahí abajo» y verás cómo todos los demás te admiran y quedan fascinados. Después no tendrás problema para que te sigan adonde les digas.

Tirarse abajo desde una altura así es suicidio. El tentador sabe que la búsqueda en el exterior de la autoestima, que solo puede encontrarse dentro de uno mismo, es básicamente una búsqueda abocada a la propia destrucción.

El programa narcisista y grandioso de convertir al mundo entero en admirador y seguidor de su red social, sea como *influencer* de YouTube o como un modelo social de admiración para todos los demás, está hoy a la orden del día. Se trata de ser seguidos por miles o millones para obtener de ellos la energía amorosa de la que el niño perdido en su Familia Zero careció.

Calmar un vacío de amor y cariño a través de un acto externo (en forma de éxito o logro humano), es decir, hacer algo portentoso es una estrategia abocada a la frustración. Media humanidad, a pesar de ello, sigue la sugerencia del tentador satánico.

Hacer algo portentoso, por muy espectacular que sea, no cambia la esencia de su ser ni calma la sensación de *vacío*, por lo que nunca hay suficiente medicina para cerrar la herida del desamor infantil de ese niño perdido. Pues, como he dicho, no basta con realizar algo portentoso, sino que además necesito que el mundo entero lo sepa.

Los *UP* buscan introducir a los demás en el círculo vicioso de la seducción y el encantamiento mediante el logro y el éxito.

En nuestra sociedad narcisista, la mayoría quiere llegar a ser alguien mediante el proceso de fascinar a otros. Sin embargo, son muy pocos los que tienen la sabiduría de escapar de ese círculo infernal.

Solamente una transformación o conversión interior (*metanoia*) franquea el exorcismo de la necesidad de una mirada de admiración por parte de los demás, pues quien se pretende *seductor* y agente del encantamiento de los otros en realidad va a resultar atrapado en el círculo infernal que él mismo crea.

Los niños de las Familias Zero escandalizados antaño por progenitores indisponibles debido a su propio egocentrismo y narcisismo se convierten en nuevos egocéntricos narcisistas progenitores que prolongan a su vez el trauma intrafamiliar y lo proyectan hacia sus propios hijos, perpetuándose sobre la siguiente generación dicho trauma, que así deviene intergeneracional.

## La servidumbre de la grandiosidad y el narcisismo

El virus de la grandiosidad y el narcisismo de los *UP* es fuertemente adictivo. Los que pretenden convertir al otro en la fuente de su autoestima, desde una mirada fascinada y prestada, necesitarán cada vez más dosis suplementarias de esa droga.

Irán siempre en pos de una nueva marca, un logro más dificultoso, buscando el «más difícil todavía». Se verán obligados a reinventarse constantemente» a sí mismos y a inventar hitos y atractores sociales cada vez más «extraños, originales o extravagantes» para mantener a la parroquia entretenida.

Llegan a transformar sus vidas y la misma realidad en una ficción organizada y en un delirante circo de siete pistas continuo. Muchas personas terminan creyendo ser el centro mismo de una vorágine social que jamás ha existido salvo en sus locas cabezas.

Tanto sus supuestos admiradores como sus supuestos enemigos o detractores son tan imaginarios como la autoestima que cree le están suministrando o arrebatando. Sirven al propósito imaginario de generar una fuente permanente de *heteroestima* o falsa autoestima. Una mentira social que ayuda a ese «pobre yo» a sobrevivir a la inaceptable verdad de su vacuidad.

De este modo, los psicólogos encontramos por doquier a estos *UP* como pacientes obsesionados por su aspecto o su reputación social, que padecen supuestos problemas que afectan a su imagen pública, su fama, su prestigio, etc., esto es, por unos elementos míticos que les hacen sufrir enormemente pero que nunca existieron más allá de los límites de sus locas cabezas.

Basta con que alguien se proponga convertirse en el objeto de la mirada fascinada de otros para que este proceso lo transforme paulatina y sutilmente en lo que denominamos técnicamente una personalidad narcisista.

Su necesidad de superar el vacío existencial mediante la transformación de su pobre YO en «alguien» importante para los demás explica que muchos entren a vivir una ficción, convirtiendo a los demás en proveedores de la gratificación social y externa que todo narcisista requiere. Así, los otros son convertidos en puros espejos que devuelven al narcisista supuestas miradas fascinadas.

El niño perdido se convierte en una nueva madrastra que necesita mirarse todos los días en el espejo social de los demás para preguntarle si aún es «la más bella de todas las del reino».

Todo narcisista vive en una ficción. Y para mantenerla necesita ser el objeto de las miradas fascinadas y de la admiración de todos los demás.

De ahí precisamente procede su potencial peligro en las relaciones con los otros. Especialmente resultan nocivos para aquellos que puedan hacerles sombra como la Blancanieves del cuento.

Si algo frustra su irreal ilusión de ser los mejores, los narcisistas suelen reaccionar con enorme rabia y resentimiento cargando furiosamente contra quienes puedan amenazar esa ficción.

De la grandiosidad narcisista nacen las peores posiciones *autorreferenciales* y *paranoides* que se observan en la actividad clínica.

Quienes viven permanentemente con la sensación de ser el centro del mundo terminan en una posición delirante y autorreferencial por la que creen que todos les envidian y acaban creyen-

do que todos les zancadillean, les odian y no pretenden más que
hundirlos.

## El trastorno narcisista de la personalidad
## y sus características patológicas

El término narcisismo procede del mito griego de Narciso, quien
se enamoró de su propia imagen reflejada en las aguas de un
estanque.

Su destino fue ahogarse en él.

Los demás no existen para un narcisista, salvo en su condición
de reflejos de sí mismo. Su enorme vacío existencial suele producirse en su Familia Zero de origen, generalmente por una madre
fría o emocionalmente indisponible. Este déficit de origen le obliga a buscar en los demás la validación y aceptación incondicional
que le faltó y que no siente dentro de él.

La mayoría de los autores explican la configuración de la personalidad narcisista por una carencia emocional temprana producida por una madre emocionalmente fría o indiferente o con una
agresividad encubierta hacia su hijo.

Kernberg sostiene que la megalomanía propia del narcisista
obedece a fuertes y profundos sentimientos de envidia, miedo, pri-
vación y rabia nacidos en las primeras etapas en las que el niño
presenta enormes dificultades para encontrar la debida experiencia
del amor incondicional materno.

La sensación de ser único, importante y diferente de los
demás que tiene el narcisista no traduce sino la herida temprana de
un niño perdido al que le faltaron esos elementos en el proceso
de apego materno primordial. Y esa posición es el reverso de un
vacío personal que pretende compensar con una actitud de búsqueda del reconocimiento en el exterior.

## El narcisismo como enfermedad psicológica y social crónica

Este mal social tan característico de nuestra época que es el narcisismo vuelve un paciente casi irrecuperable al niño que, escandalizado por su Familia Zero, se convirtió en un adicto a la valoración de los demás, la fama, la notoriedad, el aplauso, el éxito profesional o económico y la apariencia social.

Al pasar el tiempo, el narcisismo y la grandiosidad empeoran y sumen a la persona en un ciclo de sufrimiento sin fin.

El carácter irrecuperable de la mayoría de estos casos procede de la construcción de una identidad falsa y de un espejismo que crean y mantienen precariamente durante años, para ocultarse a sí mismos la falta de amor y de disponibilidad de sus progenitores, muchos de los cuales eran, a su vez, empedernidos narcisos.

La postura del narcisista ante el envejecimiento, los avatares de la vida y la precariedad natural de cualquier riqueza, éxito o posición social se torna estructuralmente inestable, y así, para sobrevivir, se ve obligado a darle la espalda a la realidad y al onanismo mental.

El trance en el que vive todo narcisista, envuelto cada vez más en su nube de fantasía, le exige invertir *crecientes niveles de energía psíquica* para mantener la mentira narcisista fundamental que se cuenta a diario frente a su espejo mágico de que es y sigue siendo «alguien relevante o esencial para los demás».

Veremos a continuación por qué el proyecto de todos los narcisistas del mundo es siempre un cuento que acaba mal, con todos ellos despeñados por el precipicio de la realidad. Ser y seguir siendo «alguien» mediante la apariencia, el éxito o la imagen que proyectamos hacia los demás termina siendo una opción imposible por tres razones fundamentales que ya avancé en mi libro *Liderazgo zero* (2008):

1. El deseo de «ser alguien» deriva de la búsqueda de la autonomía del ser, de modo que cuanto mayor es el intento de ser autónomo siendo alguien para los demás, menos autónomo y más heterónomo se es en realidad, demostrando que quien está detrás de ese narcisista no es más que un pobre niño, solo, abandonado y asustado que busca a su mamá indisponible.

   Esto le obliga a vivir en la mentira continuada de su supuesta independencia y desapego y a tener que sofocar y negar su real dependencia de la opinión y de la mirada admirativa de los demás.

   Recurre a la *simulación* de indiferencia por la que aparenta que ni le interesa ni le importa realmente la opinión del otro (esta es la mentira de su supuesta auto-nomía), y a tener que inventar siempre nuevos *trucos* para conseguir atraer su *atención* y *admiración*.

2. Mantenerse alto en el *ranking* social, profesional o eco-nómico, para ser alguien desde la apariencia externa o la imagen pública, requiere siempre un plus de originali-dad, novedad, diferencia o excentricidad.

   El éxito aparente de ser tomado como modelo por otros conlleva un fracaso, principalmente debido a lo efímera que resulta siempre esta situación y a la tremen-da energía psicológica que se ve obligado a desplegar el narcisista, agregando siempre nuevos seguidores y admi-radores de cara a mantener alto el pabellón y consolidar su imagen ante los antiguos.

3. El círculo infinito del narcisista: cuanto más quiere escapar a la ley de los otros, más se convierte en su esclavo. Cuanto más esclavo de los demás es, más intentos realiza por escapar a la ley de los otros. Ello

no tiene fin y se transforma en el denominado *infierno narcisista*.

## Los 20 rasgos (UP) de la huida hacia delante en la grandiosidad, el éxito y el narcisismo

No es difícil encontrar en nuestro entorno personajes que presentan la herida emocional *UP*, fijada y congelada en la grandiosidad procedente de su pasado como miembro de una Familia Zero.

La comprensión científica profunda de que nos encontramos en presencia de antiguos niños «escandalizados» por familias megatóxicas que no estuvieron disponibles permite antes compadecerse de ellos que juzgarlos.

A continuación, se identifican sus 20 rasgos principales:

---

**SILENCIO Y REFLEXIÓN PARA TU RECUPERACIÓN**
**La huida hacia delante (*UP*) en la grandiosidad y el éxito**

1. Pensamientos y declaraciones continuas de autovaloración, autobombo y autopropaganda.
2. Arrogancia, prepotencia o comportamiento hipercrítico o abusivo hacia los juicios o las opiniones de los demás.
3. Historias de grandes logros o tribulaciones en el pasado.
4. Hipersensibilidad a ser evaluado o juzgado por los demás.
5. Utilización de los demás como espejo, auditorio o público para lucirse.
6. Sentido de grandiosidad, de ser único, original o especial.
7. Sensación de ser imprescindible o esencial.
8. Pretensiones de alta realización, éxito profesional o económico.
9. Monopolización del mérito en exclusiva con respecto a las contribuciones de los demás.

---

→

10. Mesianismo y delirios de grandeza irreales.

11. Comportamiento parasitario.

12. Escaparatismo y obsesión por la estética o en mostrar objetos, ropa para su apariencia externa.

13. Susceptibilidad y vulnerabilidad a la envidia hacia los demás.

14. Extensión y propagación de la mediocridad en su entorno.

15. Sensibilidad a las comparaciones, rivalidad y competitividad exacerbadas.

16. Acoso y persecución hacia los que pueden hacerle sombra.

17. Sensibilidad a la categoría o el nivel social de las personas.

18. Pensamiento autorreferencial y egocentrismo constantes.

19. Fobia al riesgo y terror al fracaso.

20. Énfasis en la apariencia física con frecuentes operaciones de cirugía estética o correctiva, implantes, etc.

## La peregrinación del *UP*: desde la verdad dolorosa del abandono parental hasta la ficción de la autonomía

El adulto narcisista es alguien que se empeña en sobrevivir mediante la creación de una ficción de autonomía y suficiencia que pretende ocultar la indisponibilidad básica de una figura de apego de progenitores que no estuvieron para él.

Vivir en la mentira se paga muy caro, pues el individuo se ve obligado a movilizar enormes recursos energéticos y emocionales para mantener en pie el chiringuito.

A continuación, veremos por qué este recorrido es tan nocivo y por qué el niño que fue abandonado se puede convertir en un adulto *UP* narcisista.

| SILENCIO Y REFLEXIÓN PARA TU RECUPERACIÓN<br>El falso recorrido del narcisismo (*UP*) desde la verdad<br>hasta la mentira ||
| --- | --- |
| **Desde la VERDAD** | **Hasta la MENTIRA** |
| Ausencia de una figura de apego emocionalmente indisponible. | Autonomía aparente. No necesito de los demás. |
| Falso Yo o necesidad de aparentar una identidad. | Falsa yoidad o trascendencia por la imagen o apariencia (soy mi apariencia). |
| Falsa autoestima o necesidad de validación exterior por parte de los demás. | Necesidad de fascinar, seducir (ser tomado como modelo por otros). |
| Complejo de inferioridad. Sentimientos de inadecuación reprimidos y proyectados. | Posición compensatoria de falsa superioridad, nivel o categoría (arrogancia y prepotencia). |
| Sentimiento inasumible de pérdida irreparable por carencias afectivas de un amor incondicional ausente en la familia de origen (el secreto). | Huida hacia delante por el logro y el éxito (rechazo del vacío existencial). Hipoteca toda su energía psíquica para mantener el secreto y la mentira. |

## El narcisista como jefe psicológicamente tóxico o líder zero

En varios de mis libros he ofrecido el tremendo retrato robot de este tipo de personajes cuando alcanzan el poder empresarial y organizacional.*

---

* Veánse *Las 100 claves del mobbing*, EOS, Madrid, 2017 y *Liderazgo zero*, LID, Madrid, 2009.

Padecerlos es verdaderamente nocivo y la experiencia habitual es tener un jefe con quien el subordinado se encuentra permanentemente abocado a convertirse en sostén, paño de lágrimas, auditorio fascinado, público admirador o víctima de su envidia y persecución.

Expongo a continuación los resultados de nuestra investigación acerca de los directivos narcisistas. Sus 20 rasgos más típicos son:

---

### SILENCIO Y REFLEXIÓN PARA TU RECUPERACIÓN
**Los 20 rasgos de un jefe tóxico narcisista**

---

1. Los subordinados son para él un auditorio, un espejo en el que se mira continuamente. Reclama atención y admiración de manera continua. Le encanta que le hagan «la pelota».

2. Monopoliza «todo» el mérito para él. Rebaja sistemáticamente el mérito de los demás. Todo resultado positivo se debe a su genialidad.

3. Cree pertenecer a una élite social o intelectual de personas «especiales» por su genialidad, brillantez o pertenencia a algún tipo de «casta» social. Lo que rige para los demás no rige para él.

4. Busca subordinados serviles, dóciles y obedientes. Le resultan amenazantes la libertad de criterio y el pensamiento alternativo.

5. Selecciona sistemáticamente para su equipo a quienes no le puedan hacer sombra, es decir, a los menos capaces. Propaga en su departamento un tipo de mediocridad intelectual y profesional como forma de asegurarse y sentirse a salvo.

6. Busca el culto a la personalidad. Cultiva la adulación y el vasallaje feudal de sus subordinados hacia él. Puede llegar a ser despótico con los que considera inferiores, despreciándolos.

7. Despliega un comportamiento de maltrato y abuso verbal mediante gritos, insultos, represiones y humillaciones de todo tipo a sus subordinados. Ello le proporciona una sensación de seguridad por mantener a raya a todos.

8. Infla de modo compensatorio su autoestima mediante continuas referencias a su pretendida valía, brillantez profesional, contactos relevantes con «personalidades» o poderosos.

9. Incapacitado emocionalmente para reconocer que ignora o no sabe de algo, y por lo tanto para el aprendizaje, se manifiesta arrogante, prepotente y «sabelotodo». Queda pronto desfasado y profesionalmente obsoleto. Ello refuerza su sentimiento profundo de inadecuación y su actitud defensiva ante el cambio o la innovación.

10. Su falta de actualización profesional le lleva al dogmatismo y a la rigidez intelectual: quien se permite discrepar supone, desde muy pronto, una amenaza personal para él por no saber rebatir sus argumentos o convencer con los suyos.

11. Persigue y elimina a los posibles competidores, especialmente a los más brillantes. Cultiva y fomenta el *enanismo* intelectual y a los «bonsáis psíquicos» en el equipo.

12. Tiene aversión a correr riesgos por el miedo al fracaso y por su incapacidad emocional de hacerle frente. Llega a bloquear a su unidad por su falta de decisión y actitud «*laisser aller*».

13. Explota laboralmente a sus subordinados exigiendo de ellos sacrificios, adhesión incondicional y personal, e incluso «buena cara» ante sus abusos de autoridad y excesos.

14. Desarrolla el discurso de la imprescindibilidad: «¿Qué sería de vosotros sin mí?». Se presenta como un «salvador» o una persona crucial para la organización.

15. A pesar de sus declaraciones externas, en lo profundo es un enemigo declarado de la capacitación, la formación, la actualización profesional, la innovación y el aprendizaje, que son siempre elementos amenazantes para sus sentimientos de escaso nivel o inadecuación personal y profesional.

16. Se muestra hipersensible a toda crítica o discrepancia y reacciona desproporcionadamente a ellas. Vive las diferencias de opinión de forma dramática y amenazadora como un ataque personal o como una falta de respeto.

→

17. Utiliza un tipo de lenguaje que pasa de lo hiperabstracto a lo hiperconcreto. Huye de la conceptualización de problemas reales por no saber cómo enfocarlos o enfrentarlos de forma real y práctica.

18. Se muestra de forma despectiva con sus subordinados y adulador con los superiores, a los que, secretamente, envidia y desprecia.

19. Está obsesionado por la envidia que cree que todos le tienen. Su pensamiento solo se refiere a sí mismo. Todo lo que ocurre tiene que ver con él.

20. Su despacho, su zona de trabajo, su automóvil o su atuendo o vestimenta son escaparates con los que pretende demostrar el valor de su propietario. Adorna sus zonas de trabajo con objetos lujosos de marcas caras, fotos con personajes famosos, premios, diplomas, títulos, trofeos..., que, supuestamente, acreditan y prueban a los demás la cualidad especial de su propietario.

## La sociedad narcisista como promotora de la reacción *UP*

Nuestra sociedad actual, llena de Familias Zero y de individuos *UP,* ha terminado elevando a modelo universal el «individuo autónomo» que todos deberíamos ser: un moderno «dios para sí mismo» y, por lo tanto, un «dios para los demás».

El aparente individuo original, autónomo, «solipsista» y enamorado de sí mismo que simula no requerir de nada ni de nadie vive, sin embargo, ante la exigencia de ser digno de adoración, emulación e imitación ante el mundo entero.

El reino narcisista del perfecto ser autosuficiente, dueño de sí e independiente, se alimenta en realidad de modo furtivo de la admiración, respeto y prestigio que mendiga de los demás.

Cultivador de una imagen y apariencia de las que vive emocionalmente, y víctima del perfeccionismo, se someterá al dictado de dietas, gimnasios, cirugías estéticas, productos cosméticos, será un esclavo constante de la moda, de la «dictadura de las tallas pequeñas», del miedo al rechazo social de los «perdedores» y de su inextinguible necesidad de ser aceptado, reconocido, integrado por su apariencia física.

Los esfuerzos y sacrificios más extremos merecerán la pena de cara a mantener socialmente la mentira de su autonomía, independencia y autoestima, y tapar la realidad de su «yo disminuido».

Ir contracorriente de esta tendencia social al narcisismo requerirá una energía formidable y enfrentarse a la mentira de la supuesta individualidad y autonomía con respecto a los demás. Efectivamente, la Psicoterapia Zero de un niño perdido que busca sustituir a un progenitor indisponible o narcisista mediante el éxito y la realización pasa por hacerle caer en la cuenta de que todo ese sometimiento y esclavitud al dictado de los demás puede terminar para él en el momento que sea capaz de aceptar el duelo que pretende ocultarse a sí mismo.

En ese momento podrá comenzar a recuperar su dinamismo vital, su verdadero Yo y su auténtica autoestima, cerrando la absurda cruzada en pos del otro, como fantasma sustitutivo de los progenitores que nunca estuvieron para él.

Aceptar esa dolorosa pero inapelable verdad le llevará a no tener que invertir más energía en el proceso de demostrarse a sí mismo y a los demás que era digno del cuidado y el amor parental.

Al igual que los demás niños perdidos del mundo que «vinieron a los suyos y estos no los acogieron», también él fue una inocente víctima del proceso.

Ya no tiene que disimularlo más ni pagar precios psicológicos.

Esto le permitirá liberarse interiormente del proyecto del tentador satánico y de la desviación idolátrica de trascendencia, basada en intentar ser un «dios para los demás» que caracteriza al narcisismo.

# 15

# LA REACCIÓN *DOWN* A LA FAMILIA ZERO. LA INDEFENSIÓN APRENDIDA Y LA RETIRADA AL INTERIOR: LA DEPRESIÓN

## La reacción *DOWN* como resignación al apego imposible a la Familia Zero

El psicólogo norteamericano Martin Seligman descubrió en los años setenta lo que le ocurre a alguien cuando es sometido de un modo reiterado y sistemático al castigo, sin opción a escapar de este.

Si a un organismo se le castiga sistemáticamente de manera continua sin escape posible, desarrollará una respuesta de *congelación* por la cual dejará de enfrentarse a esa situación o de intentar salir de ella, perdiendo toda esperanza y abandonándose con resignación.

En muchos de los niños procedentes de las Familias Zero, la resignación no es efecto de un episodio aislado, sino de una situación habitual y repetida de acumulación o «gota a gota» de malos tratos, castigos, violencias, negligencias o abandono a los que han ido aclimatándose desarrollando una respuesta de fijación o bloqueo.

La repetición de ese «gota a gota» quiebra el organismo del niño y genera un tipo de paralización que se denomina técnicamente «indefensión aprendida».

La indefensión causa la depresión y las innumerables transformaciones psicosomáticas que sufren muchos niños procedentes de las Familias Zero. No es un rasgo de personalidad, sino una respuesta aprendida e internalizada como resultado de una situación imposible de apego causada a estos niños por un proceso de victimización generalmente encubierto.

## Los cuatro tipos de efectos traumáticos causados por las Familias Zero

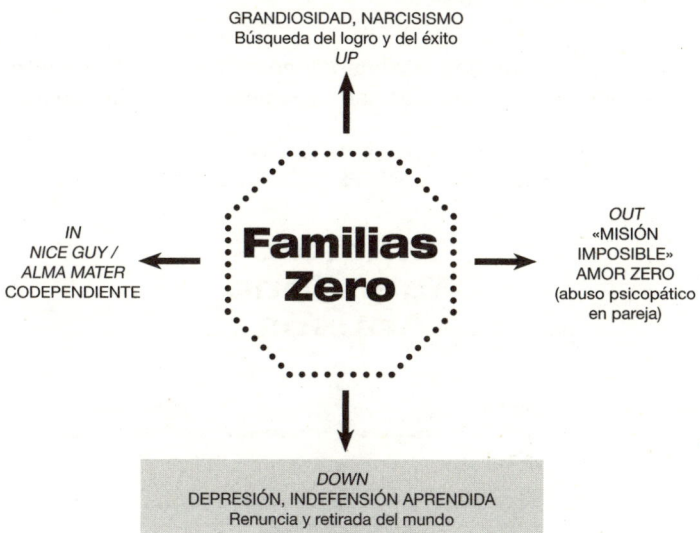

GRANDIOSIDAD, NARCISISMO
Búsqueda del logro y del éxito
*UP*

*IN*
*NICE GUY /*
*ALMA MATER*
CODEPENDIENTE

**Familias Zero**

*OUT*
«MISIÓN IMPOSIBLE»
AMOR ZERO
(abuso psicopático en pareja)

*DOWN*
DEPRESIÓN, INDEFENSIÓN APRENDIDA
Renuncia y retirada del mundo

La indefensión procede de la vivencia traumática recurrente del niño de no poder encontrar en su Familia Zero las condiciones de un amor y una aceptación incondicionales que le permitan forjar un apego seguro. Siente que no puede escapar a esta situación ni evitarla para eludir su sufrimiento. La sensación de no tener ningún control sobre ella explica la aparición del cuadro de indefensión.

La indefensión produce la paralización y el bloqueo psicológico de las posibles respuestas de huida, defensa o evitación respecto de la Familia Zero.

El niño bloqueado en esta respuesta ya no intentará huir o escapar de su Familia Zero de origen, sino que permanecerá resignado durante años o toda una vida a la experiencia de no haber sido amado incondicionalmente, sin intentar ya nada para resolverlo.

Se viene abajo en todas sus conductas de iniciativa o exploratorias del mundo y esto le lleva a la retirada interior, la introversión, el retraimiento social, el aislamiento y el rechazo de relaciones con el mundo exterior.

**Ruptura del vínculo instrumental entre el comportamiento del niño y su efectividad para apegarse de modo seguro**

RESPUESTA *DOWN*:
RESIGNACIÓN, INDEFENSIÓN Y DEPRESIÓN

Entra en una espiral de apatía y pesimismo y en un estado de ánimo habitual de tristeza, pena y desesperanza.

Una respuesta extrema a este rechazo familiar inicial la encontramos en ciertas reacciones autistas no determinadas genéticamente o en ciertas esquizofrenias y psicosis.

Sin llegar a tanto, la mayoría de los niños indefensos frente a sus Familias Zero desarrollan una retirada a su mundo interior en el que intentan buscar cobijo y refugio ante la indisponibilidad parental.

El aprendizaje de la indefensión procede de la irracionalidad, la brutalidad o la ininteligibilidad que un niño percibe en el abuso, el maltrato o la indisponibilidad emocional de sus progenitores. No entiende lo que ocurre. No comprende lo que ha hecho para merecer el maltrato o los abusos.

La indefensión aprendida significa para el niño resignarse ante fuerzas abrumadoras sobre las que no tiene ningún control y ante las cuales termina generalizando la fatal expectativa de creer que todo intento de respuesta o confrontación será imposible o ineficaz.

**Aprendizaje de la indefensión o respuesta *DOWN***

# Indefensión

**BLOQUEO EN EL NIÑO
DE LAS RESPUESTAS DE:**

ABUSOS
MALTRATO
MANIPULACIÓN
ABANDONO

• EVASIÓN - HUIDA
• CONFRONTACIÓN
• EVITACIÓN

CONGELACIÓN
RESIGNACIÓN
SUMISIÓN

## La reacción *DOWN* en el adulto

Esa respuesta de indefensión y retirada al interior ante la vida y ante las posibilidades de vincularse afectivamente a los demás acompaña al niño durante el resto de su vida.

La posición incuestionable de una Familia Zero, más idealizada por los niños que reaccionan viniéndose abajo (*DOWN*) cuanto mayor sea el abuso o el abandono, explica por qué estos niños internalizan el abandono y el maltrato sufrido convirtiéndolo en una posición depresiva, culpable, basada en el no merecimiento y en su correspondiente dolor.

Sin embargo, estos elementos permanecerán velados para el adulto, que deberá vivir de espaldas a ellos al no poder asumir lo inasumible de una Familia Zero, una vez más la última verdad de que «Vino a los suyos y los suyos no lo recibieron» (Jn 1, 11).

El adulto vivirá de espaldas, idealizando a su Familia Zero, aferrándose a la idea de haber sido realmente amado, desplazando y proyectando sobre los demás la maldad, el abandono o el maltrato que vivió en su infancia, pero que no se puede permitir reconocer o asumir. En muchos casos su retirada al interior de sí mismo adoptará las apariencias más aceptables socialmente de un carácter huraño, ermitaño o del amor y gusto por la soledad y la vida casera u hogareña.

Nada de eso es la verdad. Para el adulto que ha desarrollado la respuesta *DOWN* como reacción a su Familia Zero de origen, los demás son peligrosos, y no es ni seguro ni conveniente vincularse emocionalmente a ellos ni tampoco permanecer a su alcance.

El modo de no resultar afectado consistirá en la migración mental hacia su mundo interior y la huida del mundo y de las relaciones sociales.

## La indefensión aprendida como profecía autocumplida que conduce a la depresión del adulto

El aprendizaje de la indefensión acarrea siempre pesimismo, tristeza y depresión en el individuo.

El pesimismo existencial del niño escandalizado por su Familia Zero le aboca a vivir en la espiral de malos augurios que se transforman en peores resultados, que a su vez confirmarán la validez de sus pésimas expectativas hacia el mundo, hacia el futuro y hacia sí mismos.

Esta tríada de expectativas cognitivas nefastas se conoce en psicología como la tríada cognitiva de la depresión (véase el magnífico trabajo sobre las bases cognitivas de la depresión de Aaron T. Beck).

En el caso de los niños de las Familias Zero no hay nada de irracional en sus expectativas. El fallo en el sistema de apego y sus poderosos mecanismos distorsionadores les han llevado a aceptar erróneamente su propia culpabilidad y responsabilidad antes que tener que reconocer que sus progenitores no les amaron. Internalizar sentimientos de vergüenza, inadecuación y culparse a sí mismo de haberlo hecho «todo mal» salva la disponibilidad parental a costa de introducir al adulto en una cárcel mental de por vida.

Su hipersensibilidad, paranoidismo, autorreproches o desesperanza vital proceden de sentimientos desplazados que no puede permitirse vivir en relación a los que fueron en realidad sus causantes: sus progenitores indisponibles.

Cuanto más extraños, irracionales, disonantes y desconectados de la realidad fáctica del adulto sean dichos sentimientos, más suponen reacciones tardías a situaciones que están aún por revelarse a él en relación con su infancia perdida.

La salida de esa cárcel mental pasa por cuestionar y debatir con el paciente sus pensamientos negativos de autocastigo y autosabotaje (características de un daño psicológico por indefensión), explicándole que dichas creencias tóxicas no son simplemente irracionales, sino que obedecen a la implacable lógica de su sistema de apego humano frustrado por el funcionamiento fallido en el seno de su Familia Zero.

Ayudarle a hacer el duelo por su Familia Zero es la condición insalvable de su recuperación y su salida adelante.

Revelarle científicamente su propia inocencia en el fallido intento de su sistema de apego de apegarse a progenitores indisponibles es esencial para evitar que internalice dicho fracaso mediante la atribución de rasgos o defectos que le hubieran hecho responsable de esa indisponibilidad.

También es crucial ayudarle a salir de la máquina del tiempo, explicándole que ya no es un niño indefenso frente a adultos todopoderosos, peligrosos o indisponibles.

## Salir de la indefensión, la depresión y las somatizaciones exige elaborar, entender y elaborar el duelo de una Familia Zero

Resulta absolutamente imprescindible identificar cuanto antes la causa de la indefensión aprendida, pues esta es responsable de todos los cuadros psicológicos y psicosomáticos que suelen desarrollar en sus vidas los hijos de las Familias Zero.

Se trata de ayudar a la antigua víctima del abuso y negligencia parental a transformarse en protagonista activa y principal de su propia vida.

Sin embargo, exigir a una víctima que salga de su indefensión sin más recurso que su propia voluntad es algo irreal y neciamente voluntarista.

Salir de la indefensión que han aprendido a veces lleva tiempo y requiere de la tecnología y del apoyo psicoterapéutico experto y especializado, centrado en que el adulto que es hoy acepte por fin la mayor de las heridas de una infancia: el no haber sido amado por lo que uno era.

El niño que no fue amado ni cuidado es víctima en la vida adulta de sentimientos de vergüenza, inadecuación y culpa. Vive con miedo o terror la posibilidad de haber sido el causante de ese abandono y de haberlo merecido.

Su adaptación temprana al trauma vivenciado en forma de represión y disociación creó los síntomas que solo pueden revertirse desde la aceptación pacífica de la verdad de su inocencia. Tan pronto esa herida puede ser vivida por el adulto, las distorsiones y los mecanismos compensatorios podrán desaparecer y dejar de manifestarse en sus relaciones con los demás y consigo mismo.

Entonces podrá dejar de generalizar, en el mundo y en los demás, el antagonismo y la decepción que secretamente alberga contra sus progenitores más abusivos o *indisponibles*. Dejará de ver a los demás, por defecto, como fuentes de decepción o de peligros sin fin y podrá, por fin, salir al mundo y enfrentarse a él con la seguridad y el aplomo de un adulto.

No necesitará proyectar en los demás las injusticias que no pudo aceptar en su vida y dejará de tener que militar compensatoriamente en todo tipo de causas alternativas que le distraían de la injusticia última e inconfesable vivida en su propia familia de origen.

Renunciará a la idealización familiar, dándole la perspectiva realista y adecuada a las heridas que arrastra de su falsa «infancia feliz», reencontrando por fin la fuerza vital y la autoestima, y liberándose de las racionalizaciones y las falsas atribuciones de los supuestos déficits o inadecuación interna que salvaban hasta ahora a sus progenitores de su responsabilidad.

Escapará al fatalismo de un supuesto destino que le condenaba a experimentar la sistemática decepción de los demás, quebrando las condiciones de todas las funestas profecías que hasta ahora tendía a cumplir mediante el autosabotaje, garantizando un mundo coherente del cual obtenía solo lo que merecía, y merecía solamente lo poco que se le ofrecía.

# 16

# LA REACCIÓN *IN* A LA FAMILIA ZERO. CODEPENDIENTES, *NICE GUYS*, *PAGAFANTAS* Y *ALMA MATERS*

## La reacción *IN* de *parentización* como reversión del rol parental del cuidador

Uno de los efectos más perversos del paso de un niño por una Familia Zero, especialmente del tipo *adictivo,* consiste en la reversión del rol parental que lo transforma en cuidador de sus cuidadores.

Esa reacción al trauma de una Familia Zero indisponible se denomina *parentización* y significa un proceso de reversión (*IN*) de la paternidad y maternidad que convierte a estos niños en los progenitores psicológicos de sus progenitores biológicos.

El proceso que determina la reacción *IN* del sistema de apego del niño suele tener como causa un tipo de familia tóxica *adictiva,* en la que alguno de los progenitores es alcohólico o presenta una adicción a sustancias o a medicamentos.

Sin embargo, los niños adultos o parentizadores que reaccionan con la respuesta *IN* también suelen proceder de otros tipos de Familia Zero que no estuvieron para ellos o para el resto de los hermanos, forzando al niño pequeño a convertirse en el cuidador de los padres o del resto de la prole.

La necesidad de cuidar a unos progenitores que no pueden cuidarse ni siquiera a sí mismos aclimata al niño y bloquea su sistema de apego, fijándolo o congelándolo en torno a la conducta y el rol de un cuidador.

## Los cuatro tipos de efectos traumáticos causados por las Familias Zero

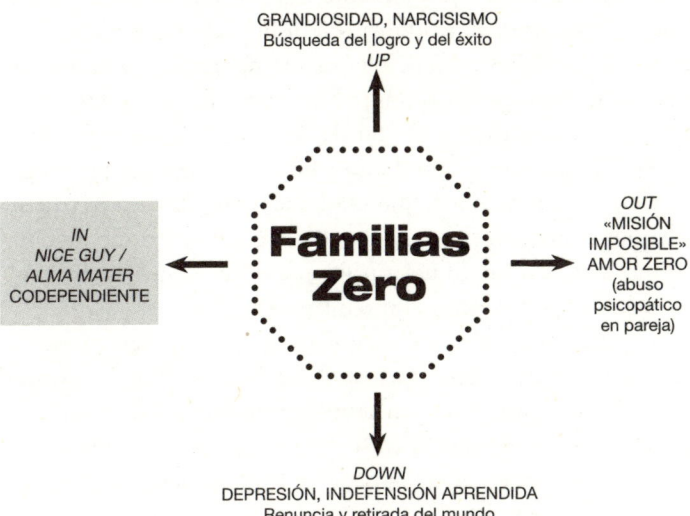

GRANDIOSIDAD, NARCISISMO
Búsqueda del logro y del éxito
*UP*

*IN*
*NICE GUY /*
*ALMA MATER*
CODEPENDIENTE

**Familias Zero**

*OUT*
«MISIÓN
IMPOSIBLE»
AMOR ZERO
(abuso
psicopático
en pareja)

*DOWN*
DEPRESIÓN, INDEFENSIÓN APRENDIDA
Renuncia y retirada del mundo

Este tipo de cuidadores se denominan en la literatura psicológica especializada codependientes.

La codependencia no es simplemente una conducta de dependencia emocional de otras personas, como erróneamente suele asumirse, sino que supone un patrón conductual, psicológico y emocional de adaptación que se desarrolla a resultas de una prolongada exposición a las reglas y el funcionamiento de una Familia Zero.

En este tipo de familias disfuncionales, la existencia de problemas de alcoholismo y/o adicciones más o menos encubiertas dificultan o hacen imposible en el niño la expresión de sus pensamientos y emociones, llegando a comprometer la autonomía y el desarrollo de su identidad y su concepto del Yo.

Tradicionalmente se diagnosticaba la codependencia cuando una persona desarrollaba un patrón de conductas erráticas a conse-

cuencia de verse involucrada en el cuidado, vigilancia o protección
de un progenitor o un familiar alcohólico o adicto a sustancias.

Se definía a una esposa, un hijo o una pareja como codependiente cuando presentaba un patrón disfuncional general de inadaptación que consistía en conductas autodestructivas y disfuncionales con la desaparición de sus propias necesidades y la disolución
de su propia identidad en el cuidado de la persona adicta a cuidar.

Desde hace varios años los que nos dedicamos a la psicología
clínica hemos entendido que esa codependencia es un patrón
cuyas causas pueden ser muy variadas y pueden abarcar muchos
otros tipos de familias disfuncionales más allá de las que se encuentran afectadas por el alcoholismo o las adicciones.

Las Familias Zero suelen crear codependientes a base de
interferir en el desarrollo normal de sus hijos, creando y manteniendo durante su infancia un grupo de variadas reglas disfuncionales que causan un trauma en su desarrollo y bloquean los cambios constructivos en el crecimiento y la maduración psicológica
de su personalidad.

## Los problemas habituales de los codependientes

Los siguientes patrones no son exclusivos del desarrollo de una
codependencia, pero suelen presentarse en el 90 por cien de los
pacientes aquejados por ella:

1.  Problemas y dificultades a la hora de identificar sus pro-
    pios sentimientos o de aceptarlos como válidos: «¿Me
    siento triste? ¿Molesto? ¿Ofendido? ¿Decepcionado con
    alguien? ¿Deprimido? ¿Estoy acaso aterrorizado?».
2.  Problemas para expresar sus sentimientos hacia otras
    personas: «Me siento enfadado con alguien, pero no
    puedo permitirme decírselo. La ira es peligrosa, inade-

cuada... Me siento deprimido, pero no puedo permitirme contárselo a nadie. Nadie lo entendería... Sería una vergüenza para mí expresarlo...».

3. Dificultades para formar vínculos o mantener relaciones íntimas con los demás: «Me gustaría tener amigos, pareja o relaciones, pero me aterra ser rechazado o herido por los demás... Me siento torpe, inadecuado, estúpido... No soy lo suficientemente atractivo, guapo, inteligente...».

4. Perfeccionismo y expectativas irreales acerca de uno mismo o de las demás personas: «No hago nada a derechas. Todo lo termino arruinando. Siempre lo fastidio todo. Todo me sale mal. Si los demás me aprecian, lo deben hacer todo perfecto y no cometer jamás errores».

5. Rigidez y dogmatismo en la conducta o en las actitudes hacia el cambio: «Para mí es demasiado tarde para cambiar... Aunque mi vida sea un asco, no conozco otro modo de ser o de existir... Solo conozco un modo de hacer las cosas... Así he podido sobrevivir...».

6. Problemas de adaptación al cambio: «Me siento rígido... Me resisto al cambio... Me aferro a lo conocido».

7. Sentimiento abrumador de responsabilidad por las conductas o los sentimientos de otros: «Se suicidó por mi culpa... Si yo hubiera dicho, hecho... No puedo abandonarlo ahora... No puede vivir sin mí... Debo disculparme con otros por lo que X les dijo o les hizo... Nunca podrá superar esto sin mi ayuda».

8. Necesidad constante de aprobación por parte de los demás para sentirse bien consigo mismo: «Dime solo lo que necesitas y yo lo haré para que seas feliz... Nunca podría mirarles a la cara si me rechazan en este trabajo o en esta Universidad... Quizás si me convierto en abogado mi padre se sentirá orgulloso de mí».

9. Problemas para decidirse o tomar decisiones, rumiación y dubitación: «No puedo decidirme… No puedo permitirme cometer un error… El que no habla no peca… Cuando tengo que tomar una decisión, me quedo paralizado y congelado sin saber para dónde tirar».

Problemas para tomar iniciativas y escasa voluntad: «No tengo energía para iniciar cosas… Prefiero seguir los consejos de los demás que tomar iniciativas personales. Se me pasa el tiempo dando vueltas a todas las opciones para al final decidir no hacer nada».

10. Sentimientos de indefensión e inadecuación continuos y comparación minusvalorativa: «No sirvo para esto… No valgo para nada… Nunca seré capaz de hacer lo que los demás consiguen… Es mejor no intentar nada… Los demás sí que valen».

11. Sentimientos de vergüenza tóxica y baja autoestima: «Cada vez que cometo un error se demuestra el tipo de persona estúpida, vaga o torpe que soy… Debe haber algo erróneo o equivocado en mi personalidad o en mi forma de ser».

12. Evitación constante de los conflictos y necesidad continua y patológica de agradar y complacer a los demás: «Si no acepto su propuesta podría abandonarme o enfadarse conmigo… No puedo soportar decepcionar o contrariar a alguien, aunque sea en contra de mis intereses… Un conflicto puede ser fatal y no me lo puedo permitir… No puedo revelar o mostrar mi opinión verdadera o se enfadarán conmigo».

13. Autoconcepto como bien de uso y abuso de los demás: «Si no sirvo, no valgo… Si no soy usado y utilizado por alguien, no me siento validado… Necesito cuidar o proteger a alguien para sentirme de utilidad o necesario».

## ¿Víctimas o voluntarios?

Este es un dilema frecuente en muchos enfoques que se hacen del problema de la codependencia. ¿Se trata de víctimas de un trastorno o de personas que eligen un determinado modo de vida, aunque este pueda ser erróneo y disfuncional?

Muchos auténticos codependientes funcionan bajo una máscara social y una apariencia pública de personas fuertes, seguras de sí mismas o resueltas. Pueden haber elegido profesiones asistenciales o de ayuda en las que despuntan como profesionales excelentes.

Y, sin embargo, debajo de estas apariencias, estas personas pueden sentirse muy vulnerables y vivir en un oculto remordimiento como si fueran un fraude social.

### Nice guys, pagafantas y alma maters

Estos tres términos se refieren a la misma realidad: un *pagafantas,* un *nice guy* (*nice girl*) o *alma mater* es alguien cuyo lema es «dar y dar siempre más y mejor, hasta que duela».

Por diferentes experiencias tóxicas que vivieron en sus Familias Zero de origen, han terminado confundiendo el amor y la vinculación con los demás con el sufrimiento y la renuncia a sus necesidades existenciales de ser amados y cuidados por otra persona.

El objetivo es ser usados por los demás como puros objetos de uso y abuso destinados exclusivamente a su egoísta servicio. El correlato femenino al *pagafantas* o *nice guy* se conoce con el término *alma mater* (literalmente, «madre nutricia»).

Los *pagafantas* y *alma maters* buscan colocarse al mismo nivel de un instrumento de ayuda y cuidado, y para ello se convierten en objetos de «usar y tirar».

No plantean jamás sus necesidades. Mucho menos pelean o contienden por ellas. No sienten siquiera que tengan derecho a experimentarlas.

Renuncian previamente a sus propios derechos y necesidades engolfándose en el otro. Buscan atender, agradar y nunca defraudar a los demás por muy extremas y egoístas que sean sus demandas.

Se trata de dar, dar y dar siempre más y mejor… Dar y dar hasta que duela. Entregarse al servicio de los demás es su modo de vincularse a ellos.

Ese servilismo extremo encubre un profundo déficit de autoestima y un olvido de sí mismo con pretexto de servir a otro.

La utilidad de su propia vida parece seguir el mantra del «necesito que me necesites». El hecho de ser necesitado por el otro es lo que garantiza la seguridad del vínculo que le une con los demás. Esa aparente dedicación y servicio a los demás (hasta que duela) es la expresión de una profunda inseguridad, carencia y dependencia emocional, que encubre el autoengaño permanente y las racionalizaciones de todo tipo.

Combinan un enorme corazón y una formidable capacidad para intuir lo que el otro necesita y adelantarse inmediatamente a proveer al mundo entero de sus atenciones, cuidados y servicios.

Su infinita tolerancia a la frustración, que raya en la indefensión del *DOWN*, los lleva al servilismo y con frecuencia se consideran a sí mismos «mártires del amor».

Son los mártires de un amor asimétrico sin reciprocidad alguna, pues enseguida pasan a la denominada *zona friend* en la que son considerados amigos para uso y abuso o *pagafantas*, pero jamás son tomados en consideración como potenciales parejas.

Resulta doloroso escuchar las racionalizaciones y falsas teorías de todo tipo que utilizan *nice guys* y *alma maters* para sobrevivir a su recurrente experiencia de ser una y otra vez olvidados, ignorados y ninguneados por sus parejas.

Han dejado de ser seres humanos y de reivindicar sus propias necesidades para militar «al servicio de» las necesidades de otros.

Abdican de su expectativa legítima de vincularse y ser amados por lo que son para conformarse con «ser necesitados» debido al cuidado y las atenciones que proporcionan.

En algún momento de su infancia, estos niños tiraron la toalla con respecto a la posibilidad de ser cuidados y protegidos por sus progenitores y aprendieron a vincularse o apegarse a ellos, volviéndose sus imprescindibles cuidadores.

Cambiaron su estatus de «hijos que han de ser cuidados y protegidos» por el de «pequeños adultos responsables» del bienestar, el cuidado y la asistencia física o psicológica de sus progenitores biológicos.

Sus propias necesidades, anhelos, deseos o sueños quedaron borrados y desaparecieron dando prioridad a los de sus padres.

Llegados a la edad adulta, repitieron el mismo esquema en su vinculación básica con los demás, convirtiéndose en proveedores y donantes psicológicos universales.

Los *pagafantas* y *alma maters* adultos son los perfectos complementos para los peores narcisistas yególatras que desean disponer de un sirviente perpetuo gratuitamente.

En el *pagafantas* se produce un mecanismo de transformación. En su afán por convertirse en alguien útil, pasa de ser un *sujeto* a convertirse en un *objeto* totalmente asequible, completamente utilizable y a merced de todo aquel con el que desea vincularse.

Mientras que en el mercado la escasez de un bien conduce al alza de su precio, la abundancia del servicio de ayuda que un *pagafantas* está siempre dispuesto a aportar a los demás explica que su valoración tienda continuamente a cero.

La paradoja está servida. Cuanto más cuida, protege y ayuda a los demás, menos obtiene a modo de reciprocidad. La entrega ilimitada de su tiempo, su destreza o sus capacidades al cuidado de otros no le conducen a una mejor valoración, sino al desprecio, al olvido o a la humillación de estos.

Esa entrega y generosidad son valoradas por los demás como propias de un sujeto escaso de autoestima. Y la mayoría de las veces la respuesta que reciben es el menosprecio, la ignorancia, cuando no el abuso psicológico y emocional, llegando incluso a veces al maltrato físico.

La disponibilidad infinita como «objetos de uso para el otro» los convierte en artículos de «todo a cien» en el mercado de las relaciones humanas.

Sus parejas, conscientes de que su actitud aparentemente servicial procede en realidad de su secreto desprecio por sí mismos y de una patética dependencia emocional, también los consideran como «meros objetos» de «usar y tirar».

Sus experiencias tempranas en sus Familias Zero de origen los llevan a convertirse inconscientemente en esclavos al servicio de otros seres humanos generalmente abusivos. No hay nada de virtuoso en este sometimiento, sino una traumática necesidad del otro, al que se es necesario comprar mediante un servicio y cuidado sistemáticos.

Ponerse como un objeto «al servicio de otros» produce una caída radical en su *cotización y valoración como seres humanos*, y ello explica por qué la mayoría terminan enmarañándose en relaciones abusivas repetitivas como proveedores sin fin de cuidados a alcohólicos, drogadictos, ludópatas, sexoadictos, etc.

Un *pagafantas* (o *alma mater*) no elige jamás a su pareja. No siente que tenga derecho a ello. Se siente afortunado de ser elegido por otros. Estará encantado de que alguien lo elija sin siquiera plantearse si esa otra persona le conviene.

Los más bajos personajes sin moral ni escrúpulos incorporan o anexan a sus vidas a un *pagafantas* o *alma mater* para poderlo exprimir y explotar económica, afectiva y sexualmente durante años o durante toda la vida.

Obtienen así un dispensador de atención, servicios y cuidados a modo de cocinero, enfermero, cajero automático, mecánico, cuidador 24 horas barato y aquiescente.

## La *doma* del *IN* y su falta de autoestima y de límites

La falta de autoestima de los niños *IN* se traduce en la absoluta incapacidad de poner límites a los requerimientos y demandas de los demás. Traumatizados y domesticados por el maltrato, la violencia o el caos que vivieron en sus Familias Zero de origen, no pueden aguantar la tensión que supone contrariar o poner límites a los demás.

Un remanente e inconsciente temor infantil a perder el apego a progenitores ausentes o indisponibles los lleva a la formidable complacencia y a aceptar todo lo que los demás les pidan. Y su escasa autoestima los conduce a no poder protegerse del egoísmo y los abusos de los demás.

Muy frecuentemente viven esa incapacidad como si fuera una virtud, engañándose respecto de la verdadera causa de su aparente entrega y generosidad.

El amor a uno mismo exige poner límites al oportunismo y a los potenciales abusos de los otros. Requiere aprender a decir NO en muchas ocasiones a sus pretensiones.

Los niños *IN* procedentes de Familias Zero aprendieron nocivamente que decir NO podía ser la causa de abandonos, castigos o de que las cosas empeoraran. Se aclimataron a tener que hacer *todo lo necesario* para que las cosas marcharan bien en esos hogares desestructurados por el alcohol, las drogas, la violencia, la negligencia parental o el abandono. En un determinado momento eso produjo la reversión fatal del rol parental, que tuvieron que adoptar ellos mismos, convirtiéndose en los cuidadores parentales de sus propios progenitores o hermanos.

En la vida adulta mostrar a los demás una sistemática ausencia de límites conduce a los peores abusos, a ser instrumentalizados por abusadores que encuentran una gran oportunidad en los niños *IN* como *nice guys* y *alma maters*.

Los niños *IN* quieren comprar su derecho a existir y a ser aceptados por los demás del mismo modo que aprendieron a sobrevivir en sus Familias Zero originales: a través de una actitud de servicio y de entrega al cuidado de los otros.

Este sutil contrato de compraventa atrae hacia los *IN* a las personalidades más egocéntricas, narcisistas o psicopáticas, siempre dispuestas a aprovecharse de su vulnerabilidad.

De ahí que se esfuercen cada vez más para obtener cada vez menos.

## La disonancia cognitiva del *IN*: cuanto peor le tratan, más insiste

La Teoría de la Disonancia Cognitiva (TDC) enunciada por Leo Festinger en 1957 predice que todo ser humano busca obtener una visión consistente de la realidad y de sí mismo y que si existen contradicciones entre diferentes cogniciones, ideas o percepciones, se producirá un fuerte malestar y una tensión psicológica que es necesario hacer desaparecer.

Para reducir ese malestar emocional a veces se requiere disminuir o eliminar las percepciones disonantes, llegando incluso a negar su existencia.

La necesidad de consistencia cognitiva supone una formidable tensión para el individuo y le obliga a desarrollar mecanismos reguladores esenciales para la supervivencia del Yo, en especial mecanismos de negación y de distorsión de la realidad.

Cuanto más se abusa de los niños *IN* devenidos en adultos *nice guys* o *alma maters*, más crece su disonancia cognitiva.

Para resolver ese malestar, en lugar de cuestionar si esa relación merece la pena y abandonarla, la tendencia a la consonancia cognitiva suele llevar al *IN* a perseverar en el error. Así, descartará cualquier pensamiento crítico respecto a la toxicidad y el carácter abusivo de la relación y tenderá a pensar más bien en todo lo que lleva ya acumulado y sufrido. Ello hace que, cuantas más penalidades haya pasado, más le merezca la pena continuar adelante.

Años de abusos, utilización, ninguneo o maltrato son ignorados y reinterpretados por el *IN* (como *nice guy* o *alma mater*) como señales para seguir persistiendo.

Al cabo de los años, las posibilidades de que escapen de esas relaciones abusivas e instrumentalizadoras son cada vez menores.

Solo si *nice guys* y *alma maters* son finalmente abandonados, se detiene el proceso de abuso. Este tiende a repetirse en ulteriores relaciones, toda vez que solo aprendieron a vincularse con aquellos que los usan como objetos.

## El final (IN) feliz para los *nice guys* y *alma maters*

El creciente agotamiento físico y emocional de un servicio sin fin les conduce a un *burn-out* existencial temprano.

Abrumados y rodeados de una toxicidad relacional por doquier con amigos *aprovechateguis*, parejas abusivas y familiares demandadores con infinitas necesidades de atención y cuidado, obtienen a cambio como respuesta actitudes cada vez más despiadadas, crueles o indiferentes.

No es infrecuente que incurran en todo tipo de adicciones secundarias para compensar y aguantar todo ese abuso y maltrato. El ciclo se cierra repitiéndose en la siguiente generación el trauma intrafamiliar original, que se convierte así en intergeneracional.

Encerrados por el trauma original en una estrategia relacional errónea, llegan a creer que doblegarán la insensibilidad de esas amistades, parejas o relaciones familiares abusivas y que finalmente su extensa hoja de servicios prestados «a fondo perdido» obtendrá un resultado positivo.

En su falsa promesa de redención, imaginan al otro finalmente seducido y subyugado por su capacidad de entrega y autosacrificio.

Sin embargo, la experiencia muestra que esa vana pretensión y ese final feliz imaginado jamás llegan a producirse.

La evolución de todas las relaciones y su final son bastante predecibles.

Como cualquier otra típica relación instrumental, en la que un ser humano no es un fin en sí mismo sino un medio o recurso para uso y abuso de otro, termina cuando la utilidad cesa o la necesidad desaparece.

Tan pronto como los *pagafantas* y *alma maters* dejan de ser utilizables por obsolescencia, vejez, enfermedad o aburrimiento del usuario, serán abandonados y reemplazados por otros objetos más nuevos o que resulten más interesantes.

Son tratados como meros objetos de usar y tirar hasta el final.

El abandono es el trágico destino que les aguarda al final de todas sus relaciones.

## La profecía autocumplida y el mimetismo juegan en contra de los *nice guys* y las *alma maters*

El modo en que *nice guys* y *alma maters* se olvidan de sí mismos y de sus necesidades funciona como un modelo de imitación para el resto. Las leyes miméticas y el funcionamiento de las neuronas espejo explican que, finalmente, los demás terminen imitando el modo en que cada uno se trata a sí mismo.

Lo que los otros imitan en *nice guys* y *alma maters* es su secreta actitud de desprecio, abandono y olvido de sí mismos, despreciándolos a imagen y semejanza de como lo hacen interiormente ellos mismos.

Se cierra el bucle de la representación que les confirmará su más antigua y tóxica autopercepción, pergeñada en la terrible infancia en el seno de sus Familias Zero: la confirmación de su propia inadecuación y falta de mérito como seres humanos para ser amados por sí mismos y de su escaso merecimiento.

La profecía profunda acerca de sí mismos se cumple de un modo inexorable y trágico con un gran sufrimiento.

---

**SILENCIO Y REFLEXIÓN PARA TU RECUPERACIÓN**
**Canción: *El pagafantas***
**Autor: El Kanka**

*Siempre le ofrecía mi paraguas,*
*por si llovía… que no se mojara.*
*Y le tendía mi rebequita*
*justo a la hora en que refrescaba.*

*No me quería, y yo lo aceptaba,*
*pero seguía dando la vara.*
*La perseguía y la acosaba*
*por si cambiaba de opinión algún día.*

*Ella no quería romper nuestra amistad,*
*pero a mí todo eso me daba igual.*
*Tampoco era tan especial.*
*Y me moría por estar bajo su manta*
*y que dejasen de llamarme pagafantas.*

*Después de darle mi vida entera*
*y de encerarle las escaleras.*
*Y de invitarle a… todo, invitarle a todo.*
*Y de instalarle la tele por cable.*

→

*Entre llamadas y sms*
*y muchas otras gilipolleces*
*dilapidaba mi sueldo escaso.*
*Y, encima, no me hacía ni puto caso.*

*(...)*

*Y que dejasen de llamarme pagafantas...*
*Y que dejasen de llamarme pagafantas.*

*Tras varios años de sufrimiento,*
*más una orden de alejamiento,*
*por fin, me harté de hacer el canelo...*
*Y lo curioso es que ... desde el momento aquel*
*ella empezó...*
*como a echarme de menos.*

**El pagafantas en la zona friend**
(Tomado de mi libro *Las 5 trampas del amor.*
*Por qué fracasan las relaciones amorosas y cómo evitarlo*)

Nos referimos aquí al eterno *amigo-útil-pero-nada-más* de la chica. Al chico que está todo el día pegado a una chica, a su servicio, como paño de lágrimas, chófer gratuito las veinticuatro horas del día, consejero sentimental, recadero infatigable, que la consuela, acompaña, cuida y mima, pero sin ninguna posibilidad sentimental, afectiva y/o sexual con ella. Un verdadero *nice guy*...

El chico quiere algo con ella, pero ella solo lo ve como un mero amigo y un recurso a explotar en todos los sentidos posibles.

El aprendiz de *pagafantas* es el que siempre está para todo, al servicio de su chica. Le hace las mudanzas, la lleva a la uni, la ayuda con las «mates», le hace los trabajos sucios de fontanería. Saca a su perro y riega sus plantas cuando se va de *finde* con algún ligue que ha conocido por ahí...

Lo cierto es que este tipo de aprendiz termina al cabo del tiempo con la acumulación de frustraciones que ha cosechado a base de años de servicios prestados diligentemente, nunca reconocidos ni aun menos valorados por aquellas utilitarias y prácticas amigas que siempre creyeron que era su derecho natural aprovecharse de aquel gentil mozo que la providencia ponía a su disposición.

El joven *pagafantas*, ante su vacío existencial, incapaz de encontrar nada digno de valoración dentro de sí mismo, termina mimetizándose en «objeto al servicio» de su majestad…, el otro.

No le importa que la chica no le corresponda.

Tampoco que no valore sus repetidos servicios.

No le extraña que ella jamás se interese por sus propias necesidades y anhelos. Solo existe para servirla. Vale solo quien sirve… como objeto.

Para el *pagafantas*, el amor verdadero es aquel que más sacrificios le cuesta, sobre todo si esos sacrificios demuestran una y otra vez ser perfectamente inútiles para suscitar en la chica la mínima correspondencia.

«El que la sigue la consigue», se dice por dentro.

Y por ello va perseverando en el error de derrota en derrota.

Sigue un camino plagado de sinsabores, desplantes, feos, ninguneos, humillaciones varias que acaba siempre del mismo modo. Cuando ya no lo necesitan…, ¡adiós!

Es la experiencia que tan bien conoce del abandono.

«Al final, ellas siempre me dejan tirado», piensa sin entender por qué le ocurre. No comprende por qué nadie querría tener como pareja a un perro faldero, un bastón o una muleta.

En lugar de escarmentar y aprender de sus errores, el *pagafantas* se apresta a repetir la jugada.

Se vuelve de nuevo un escudero a la busca de otro «señor al que servir».

Servirá a cualquiera que le quiera tomar a su servicio, usándolo y explotándolo de nuevo como objeto.

No será extraño que vuelva a relacionarse con las personas más pérfidas y egoístas.

El paso del tiempo y la repetición de la misma experiencia una y otra vez le llevan a la convicción de que él no vale gran cosa y que la única relación que puede tener con una chica interesante es la de convertirse en fiel criado para todo o en un sirviente complaciente.

Si nada lo impide, el *pagafantas* terminará enfangándose en relaciones tóxicas con los peores ejemplares de toda la fauna de las pérfidas. Tendrá suerte si al menos no resulta ser una psicópata.

# 17

# LA REACCIÓN *OUT* A LA FAMILIA ZERO. LA MISIÓN IMPOSIBLE O LA FIJACIÓN EN LOS OBSTÁCULOS

*El obstáculo más grave es el que se prefiere por encima de todo,*
*pues es el más adecuado para aumentar la pasión.*
DENIS DE ROUGEMONT

## Las bases de la reacción *OUT* al trauma de la Familia Zero

La mayoría de los niños procedentes del trauma de la Familia Zero se encontrará ante el riesgo de engancharse a los peores obstáculos del mundo: los manipuladores y depredadores intraespecie, que llamamos psicópatas, sociópatas o narcisistas malignos.

Cuanto más frustrados ven sus deseos de apego y base segura, mayor es la probabilidad de verse enganchados al perverso mecanismo generador de una de las peores trampas amorosas (véase mi libro *Las 5 trampas del amor. Por qué fracasan las relaciones amorosas y cómo evitarlo*), desarrollando la compulsiva búsqueda autodestructiva de la *misión imposible*, buscando en sus parejas sucesivas siempre a quien más y mejor frustre su deseo, persiguiendo finalmente solo parejas tóxicas, distantes o emocionalmente indisponibles.

Este enganche al obstáculo resulta muy prevalente entre los hijos de las Familias Zero que suelen presentar una formidable adicción o *limerencia* a relaciones de pareja psicopáticas (Amor Zero).

Se creen enamorados de sus psicópatas cuando lo que están experimentando es un tipo de regresión emocional que les condena recurrentemente a apegarse o engancharse a personajes que se parecen enormemente y emulan el estilo de sus progenitores tóxicos de origen.

## Los cuatro tipos de efectos traumáticos causados por las Familias Zero

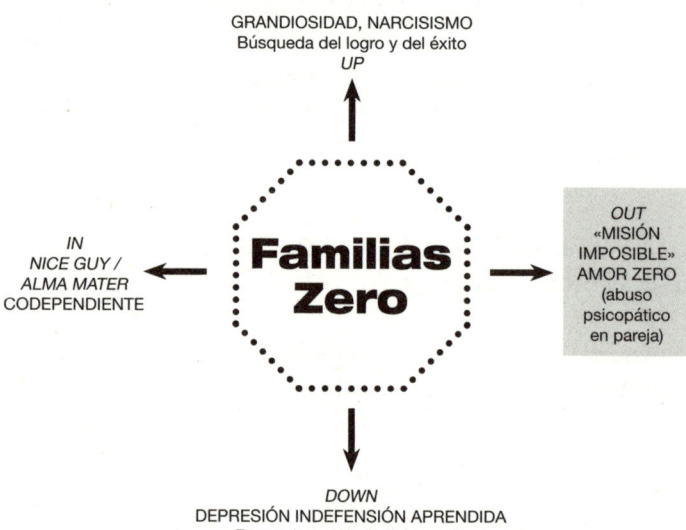

GRANDIOSIDAD, NARCISISMO
Búsqueda del logro y del éxito
*UP*

*IN*
*NICE GUY /*
*ALMA MATER*
CODEPENDIENTE

**Familias Zero**

*OUT*
«MISIÓN
IMPOSIBLE»
AMOR ZERO
(abuso
psicopático
en pareja)

*DOWN*
DEPRESIÓN INDEFENSIÓN APRENDIDA
Renuncia y retirada del mundo

El apego al obstáculo o *skandalon* sitúa a la víctima de la perversa actuación de un progenitor psicopático ante la *aporía* de la divinización de todo tipo de obstáculo que se vuelve un *dios*, tanto más objeto de adoración y adicción cuanto mayor es el maltrato o desprecio que recibe por el dios.

El trance hipnótico psicopático supone siempre un proceso de imantación de las víctimas hacia quienes más las desprecian, ignoran o anulan.

El hecho conocido de que los abusadores psicopáticos se muestran como verdaderos agujeros negros psíquicos, es decir, como incapaces de dar o devolver nada en una relación, produce una fascinación inaudita entre las antiguas víctimas del abuso psicopático familiar. Estas resultan atraídas como moscas a la miel, merced a la focalización obsesiva de un deseo de vinculación que el psicópata siempre frustra en todos aquellos con los que se relaciona.

La fascinación y el trance hipnótico que generan los psicópatas son inducidos por su cualidad como seres inasequibles al bien y al amor.

La *inasequibilidad* es para el niño escandalizado por su Familia Zero de origen la prueba de la *divinidad* y del carácter *único* y *deseable* de su psicópata.

La víctima de este proceso pierde su libertad y queda enganchada en un círculo infernal del que le es muy difícil escapar.

Sus neuronas espejo hacen el resto, produciendo en ella el efecto de quedar enganchada recursivamente a un proceso de frustración sin solución de continuidad que la va desgastando y minando.

El deseo se vuelve dependiente del obstáculo y convierte al más psicopático compañero en un *dios* ante el cual la víctima se ve totalmente desprovista de todo sentido de realidad y de su propia voluntad.

El enganche con los psicópatas se basa en el trance hipnótico que inducen en sus víctimas, por el que estas quedan absorbidas y obnubiladas gracias a su cualidad de obstáculo inasequible.

Llegan a desear aquello que es imposible conseguir (el amor de alguien que es, por pura imposibilidad material, incapaz de amar), pero como si lo pudiesen conseguir (frustración).

Las carencias afectivas y emocionales que vivieron en el seno de una Familia Zero, unidas a la inicial estrategia de seducción de los psicópatas, hacen que queden en un estado de adicción o fijación al obstáculo que se incrementa aún más cuando, pasado un cierto tiempo y ya aburridos, sus psicópatas dejan de hacer el menor esfuerzo por ocultar su frialdad o desinterés y dejan caer su máscara.

En este momento la víctima entra en la desesperación y el infierno del vínculo *psycho*, que consiste en no poder dejar de desear estar con quien sabe que la va a destruir sin remedio.

Se necesita enorme habilidad terapéutica para explicar con detalle el proceso a las víctimas y para poder ayudarlas a despertar del trance relacional de un «enganche al obstáculo» que las ha condenado a vivir en un «infierno en vida».

La frecuencia con la que los psicópatas suelen triangular a sus víctimas, es decir, exacerban deliberadamente el deseo mimético por ellos poniéndolos en situación de competir o rivalizar con terceras personas, completa el panorama desolador de unas víctimas que han alcanzado ciertamente la sima infernal más abisal.

## La respuesta mimética de las neuronas espejo ante el obstáculo psicopático

Sabemos que el deseo amoroso es tanto más intenso cuanto mayor es la dificultad, el obstáculo o los esfuerzos que son necesarios efectuar para alcanzarlo.

El deseo se nutre de los mayores obstáculos y, una vez desaparecidos estos, desaparece.

Los psicópatas saben cómo hacer para constituirse en obstáculos permanentes para sus víctimas. Permanecer como tales les garantiza el perpetuo enganche o adicción de sus víctimas. Lo saben y lo aplican implacablemente.

La disonancia cognitiva que induce esta actitud explica por qué muchas víctimas ensayan denodadamente una y otra vez sucesivas relaciones traumáticas con todo tipo de personalidades psicopáticas.

Las leyes del deseo amoroso, cuyo funcionamiento viene regido por el mimetismo de nuestras neuronas espejo, predicen que cuanto mayor es la dificultad para alcanzar un objeto amoroso, mayor es el deseo por conseguirlo.

El trance hipnótico amoroso del abusador psicopático queda así garantizado, siendo los psicópatas integrados los objetos amorosos más imposibles e inasequibles. A fuerza de presentarse como personajes emocionalmente indisponibles, egocéntricos, narcisistas, malignos, *bad girls*, *bad boys*, etc., sus víctimas quedan encadenadas a la lógica perversa del deseo mimético.

La repetición compulsiva de este esquema a lo largo de su vida conduce a los niños procedentes de las Familias Zero a confundir el amor con el maltrato, la pasión con el menosprecio y las broncas permanentes, quedando ofuscados por el carácter tormentoso, siempre activador del deseo, del abuso psicopático, tanto más deseable cuanto más doloroso sea.

Nadie debe extrañarse, pues, de que el Amor Zero o la experiencia de emparejarse con un psicópata sea quizás una de las experiencias más intensas e incomparables que la vida puede ofrecer a alguien.

Muchos no vivieron para contarlo, pues prefirieron morir a seguir experimentando el infierno en vida. Lástima que nadie les señaló la puerta de salida del infierno…

Amar a alguien sencillamente porque es alguien indisponible, egocéntrico o imposible es uno de los destinos relacionales de las víctimas de las Familias Zero.

Es el denominado síndrome de la «misión imposible» el que convierte a su víctima en un don Quijote molido a palos, pues para él *solo es digno de ser deseado aquel obstáculo que más se le resiste.*

Las personas más inadecuadas para apegarse a ellas producen una atracción irresistible en los niños «escandalizados» por sus Familias Zero. La *fruta prohibida*, el *objeto inalcanzable* y el *más difícil todavía* aseguran locas peripecias que nunca terminan en un final feliz y que convierten al niño victimizado en un adulto romántico *buscando siempre más y mejores obstáculos amorosos* y condenado a repetir el patrón que le conduce «de victoria en victoria hasta la derrota final».

Las neuronas espejo y las leyes miméticas que las rigen explican por qué los objetos que se vuelven obstáculos para el deseo son siempre más fascinantes. También influye el trauma de la familia que falló y los progenitores que no estuvieron a la altura.

Un objeto de apego o amor que resulta imposible, lejano o inalcanzable, lejos de desanimar al niño tempranamente victimizado por progenitores indisponibles, acaba atrayéndolo irremisiblemente.

Las *coquetas*, losególatras, los narcisistas y los más psicopáticos *bad boys* del mundo entero funcionan como atractores extraños del deseo de muchos niños procedentes de estas Familias Zero.

La transformación de la *misión imposible* en *misión heroica* produce una locura: la persecución de un objeto amoroso imposible como objeto divino digno de adoración.

Para los niños traumatizados por una Familia Zero, los obstáculos, los límites, las prohibiciones suelen funcionar hipnóticamente como sugestiones negativas especialmente potentes, lo que conduce a un enganche recurrente a los peores sujetos, cosa que tiene para ellos las peores consecuencias.

Estos niños sufren determinados mantras que son fruto de la fijación y el anclaje en el obstáculo:

- Cuanto más difícil es conseguirla o mantenerla, más valoran una relación.
- Cuanto mayor es el desprecio o el ninguneo que les prodiga, más atractiva les parece la persona.
- Cuanto más dolorosa y tóxica es una relación, más interesante les resulta.
- Cuanto más peligro supone para su integridad una persona, más fascinante les resulta.

A nadie en su sano juicio le parecerá lógico seguir estos mantras y, sin embargo, el trauma en sus sistemas de apego hace que experimenten un intenso apego a los obstáculos.

El deseo mimético es afectado y forjado por el trauma que significó el sistema de apego frustrado por progenitores fríos, maltratadores o emocionalmente indisponibles de una Familia Zero, y genera un comportamiento compulsivo adictivo y pasional hacia los peores candidatos.

El deseo por estos objetos imposibles es terco, obstinado y obsesivo, a pesar del peligro manifiesto y de la imposibilidad real de apegarse a ellos.

Solamente se enamoran de «objetos imposibles». Curiosamente, un NO por respuesta exacerba su interés mientras que un «adelante» produce el desinterés y la apatía.

Los *objetos imposibles* obsesionan, encantan y fascinan, llegando a pervertir el deseo de una persona solo porque aparecen como obstáculos imposibles de alcanzar.

Apegarse a objetos imposibles es siempre una *misión imposible*, pues está abocada al fracaso. Este patrón convierte la vida de muchas personas en un verdadero infierno.

Cuanto más dificultoso, complicado, inaccesible es el objetivo, la prueba o el riesgo, mayor es la atracción que experimenta aquel a quien su misión imposible le convierte en un superhéroe.

La paradoja está servida, pues solo una derrota amorosa puede confirmarle plenamente la validez de la elección de su objetivo amoroso como deseable. Y al contrario, la conquista del objetivo amoroso supondrá caer en un desinterés y apatía inmediatos, pues su carácter asequible y alcanzable les demostrará que no era el verdadero objetivo a ser alcanzado.

Tan pronto como un objeto pierde el estatus mítico de inalcanzable o deja de interesarles…, deja de ser deseable.

Así ocurre en la realidad.

En cuanto desaparece la necesidad de realizar un duro esfuerzo o de superar el obstáculo, se acaba la misión imposible; y el objetivo, ahora ya accesible, vencido y conquistado, deja de interesar. Desaparece de su área de interés tan rápida y repentinamente como anteriormente se le manifestó su deseo o interés por él.

## El virus mental que conduce de derrota en derrota hasta la derrota final

El conquistador de las cumbres del amor, siempre en pos de la aventura de conquistar el monte más alto e inalcanzable del amor más psicopático, es un doble exacto de los numerosos montañeros que dejan cada año su vida debido a la «llamada de las cumbres». Siempre más y mejor. Más cumbres y más altas.

Una «cumbre amorosa alcanzada» solo significa una nueva y humillante decepción, tras la cual es preciso fijarse inmediatamente otro objetivo.

El triunfo suscita la duda de si esa elección era correcta.

Esta locura parece propia de masoquistas y, sin embargo, tan solo es efecto de las condiciones traumáticas de las Familias Zero y de las secuelas que estas dejan en la vida adulta de sus víctimas.

La búsqueda de la propia humillación no es masoquismo, sino el efecto de un mecanismo reflector de sus neuronas espejo, que confunden «lo que no se puede» con lo que «verdaderamente merece la pena». Así, estas personas permanecen congeladas o fijadas en los obstáculos y dedicarán todos los esfuerzos durante su vida entera a conseguir superarlos y vencerlos. Una obsesión de origen traumático que lleva a nuevos traumas y al «día de la marmota», es decir, a repetirlos una y otra vez.

El apego al riesgo, a vivir al límite, a flirtear con el peligro, a las aventuras más locas, a vivir siempre en una voluntad de superación no son más que expresiones exteriores del mismo mecanismo traumático de búsqueda de la misión imposible.

## El obstáculo opera como sugestión hipnótica negativa: el balancín infernal

Las sugestiones negativas son mucho más potentes en los seres humanos que las positivas.

Las sugestiones negativas más poderosas para los que sufren el mecanismo compulsivo de la misión imposible son las siguientes:

1. Cuanto más vehementemente se me resiste alguien, más deseable se vuelve.
2. Cuantas más dificultades me pone una persona, más atractiva me parece.
3. Cuanto más extrema es su indisponibilidad, más interés suscita en mí.

Es el mimetismo del deseo y su antigua frustración producida por el trauma intrafamiliar de las Familias Zero lo que conduce al individuo a considerar todo aquello que se le resiste como verdadero objetivo a conseguir.

El objeto imposible es divinizado como genuino modelo de identificación y adoración. De ahí la esclavitud a la que termina sometiendo al sujeto deseante. Derrotar, dominándolo, al dios que el mimetismo nos sugiere es algo imposible, puesto que la victoria sobre él y el alcance de un objeto imposible lleva siempre aparejada una derrota. El fruto prohibido alcanzado es, al final, siempre un fruto amargo.

La imposibilidad de permanecer en un estado de equilibrio lleva a la necesidad de manipularse uno al otro para poder seguir adelante. O tú eres un dios inalcanzable para mí, o yo lo debo ser para ti. Esa necesidad de seducir, encantar, enamorar al otro tiene como inmediata consecuencia la aparición del balancín infernal relacional que numerosas parejas conocen, pues viven en él desde hace años. Para que uno esté arriba, el otro debe estar abajo, y viceversa.

## La atracción fatal: de la Familia Zero al Amor Zero

Una señal inequívoca de haber caído bajo el hipnótico influjo de la misión imposible es ver a las antiguas víctimas de las Familias Zero estrellarse una y otra vez contra objetos imposibles.

Una auténtica «atracción fatal» las arrastra a verse atraídas irremisiblemente por quienes más y mejor las desprecian, humillan y maltratan a todos los niveles.

Pasan muchas veces años sin entender nada de lo que les sucede. No se sienten atraídas sino por las personas más perversas, nocivas y tóxicas que existen. Los atractores más formidables para los niños que resultaron victimizados por Familias Zero y por progenitores tóxicos o indisponibles son nuevamente las personas más tóxicas e indisponibles del universo: las personalidades narcisistas o psicopáticas.

Psicópatas y perversos narcisistas de todo pelaje operan como *atractores extraños* gracias a que su frialdad, falta de empatía y emociones les transforman en potentes imanes relacionales para quienes sufren el impacto del virus de la misión imposible.

Resulta ser misión imposible lograr que los perversos narcisistas que los atraen sientan genuino amor por ellos o que los psicópatas que los enganchan expresen verdadero afecto o cariño.

La inmersión durante años en esas relaciones megatóxicas los lleva a considerarse a sí mismos como auténticos superhéroes, reclutados para la *verdadera misión imposible* de obtener amor o reciprocidad de sus parejas más psicopáticas.

Pretenden redimir a estas parejas tóxicas y para ello confían en que bastarán su amor incondicional y su ejemplo para conmoverlas y arrastrarlas finalmente.

Quieren domesticar al cocodrilo logrando lo que nadie puede conseguir…, alcanzar el más difícil todavía, la cumbre psicológica más inaccesible.

La experiencia en el trabajo de rehabilitación psicológica de las víctimas del Amor Zero nos enseña que muy frecuentemente detrás de una persona atraída y machacada recurrentemente por parejas psicópatas y perversos narcisistas, y de la grandiosidad característica de alguien afectado por el virus de la *misión imposible*, se encuentra una víctima encubierta de padres y madres igualmente psicópatas o narcisistas.

Si se quiere ayudar a estos pacientes, los profesionales que los acompañan en la psicoterapia o el *coaching* deben explicarles científicamente, sin culpabilizarlos (lo cual significaría una demoledora revictimización), las raíces de cómo funcionan estos vínculos tóxicos por los que sus vidas se convirtieron en un calvario recurrente, pasando del sufrimiento intrafamiliar temprano de una Familia Zero al rosario de sucesivas relaciones de pareja tan dolorosas como fallidas.

Ello requiere poner en marcha una decisión activa y la acción deliberada de la voluntad de la víctima para ayudarle a terminar para siempre con el patrón comportamental compulsivo que la domina como una verdadera adicción al fracaso relacional.

## La trampa encubierta detrás de la misión imposible

Si la persona enamorada de un objeto imposible lo alcanza finalmente, el interés termina y el juego se acabó para ella. El éxito en la conquista del objetivo amoroso supone su fracaso, pues haberlo conseguido significa que ese no era el objetivo.

Este satánico bucle de *feedback* explica por qué le interesan solo los candidatos que más y mejor la destruyan.

La revelación científica del funcionamiento de este mecanismo basado en el mimetismo, las neuronas espejo y el trauma intrafamiliar temprano de la víctima nos informa de que el objetivo a alcanzar no tiene valor por sí mismo.

Se dice que la belleza está en los ojos del que la contempla. Así, el valor del objeto amoroso no existe intrínsecamente. La víctima de este mecanismo perverso solo puede enamorarse en la medida en que el objeto de su amor aparece ante ella como un obstáculo total.

El deseo amoroso dura tanto como el objetivo pueda mantenerse inaccesible, resistiéndose a la capacidad de conseguirlo del amante pretendiente.

La maldición del éxito en sus aventuras amorosas radica en que, puesto que pudo conseguirlo, ello es señal de que el objetivo amoroso no era realmente tan valioso, y que quien lo alcanzó se equivocó al juzgarlo como un objetivo maravilloso o divino. El éxito en la conquista señala el error en la elección previa del objetivo.

Tardará muy poco en abandonarlo y pasar a buscar otra cosa.

¿A quién buscará? A aquellos candidatos cuya indisponibilidad, frialdad o deslealtad le confirmen que son los objetivos que merecen la pena.

La busca y captura de parejas cada vez más imposibles por tóxicas o indisponibles conduce inexorablemente a la derrota final de estos conquistadores, que terminarán siendo derrotados y destruidos por el único objeto que merecerá la pena de verdad: aquel que nunca se dejará conquistar.

Psicópatas y narcisistas malignos serán los objetos que les obnubilarán y fascinarán, terminando por subyugarles, por la única razón de que no han podido con ellos.

Los superhéroes que se asignan a sí mismos la tarea de proyectar en sus vidas adultas la ficción de la misión imposible, vivenciada
en su infancia en su Familia Zero, terminan consiguiendo que la
ficción se convierta en una monstruosa realidad.

Incapaces de disfrutar de las relaciones que consiguen, acaban
deseando solamente aquellas relaciones que *siempre* las destruirán
*más y mejor.*

# PARTE III

## LAS SECUELAS PSICOLÓGICAS Y RELACIONALES DE LA FAMILIA ZERO Y CÓMO SUPERARLAS

# 18

# LA PARALIZACIÓN POR LA CULPA Y EL TRANCE DISOCIATIVO COMO «SOLUCIONES» AL TRAUMA

Blancanieves por fin sucumbe a la madrastra cuando esta consigue hacer que la niña muerda la manzana envenenada y caiga paralizada (bloqueada).

De todos es sabido que la culpa paraliza. Quien se cree culpable no se defiende.

Los perversos triunfan definitivamente sobre sus víctimas cuando consiguen hacerlas creer que ellas son responsables de lo que les está ocurriendo.

Todo perverso manipulador se esfuerza denodadamente en hacer que su víctima se sienta culpable de todo lo que le está ocurriendo, pues sabe que una víctima culpabilizada es una víctima inerme y paralizada.

La manipulada víctima no va a ser capaz de cuestionar nunca las maquinaciones perversas de un manipulador que, de forma activa y consciente, trabaja proyectando siempre sobre ella su propia maldad, intentando inocular su veneno mediante la culpabilización.

Cuando logra inocular dentro de ella su veneno en forma de culpa, consigue una víctima propiciatoria que será improbable que se defienda y que defienda su derecho básico a no ser abusada.

El cuento de Blancanieves explica el método típico de camuflaje del abusador psicopático que se presenta frecuentemente bajo el disfraz psicológico de alguien que nunca es: lo usual en las familias es una madrastra (una falsa madre).

De ese modo, el proceso de abuso psicopático en las familias rara vez se produce abierta o manifiestamente, sino bajo la máscara de alguien que, mientras busca destruir, acorralar, aniquilar y eliminar a su víctima, realiza protestas de amor, de cuidado o protección que pasan por verdaderas ante terceras personas.

Las mil caras de un abusador psicópata le permiten disfrazarse, presentándose ante el resto de la familia, el vecindario o la comunidad como una persona aparentemente bondadosa, pacífica, moralmente intachable, incluso bienintencionada e interesada en hacer el bien a su víctima.

El cuento asigna a la madrastra el disfraz más inocente y equívoco para un ser humano: el de una venerable e indefensa anciana que regala a la niña el objeto más sano del mundo: una manzana.

Nadie sospechará que debajo de las máscaras de todo tipo de abusadores psicopáticos se oculta un ser con tan aviesas intenciones.

El mal supremo que siempre es la destrucción de un ser indefenso, como es un niño frente a un psicópata, suele adoptar entonces una falsa apariencia de bien: la apetitosa manzana, símbolo en nuestra cultura al mismo tiempo de la salud y de la culpabilidad.

En el abuso psicopático, lo mismo que en el cuento, la manzana está envenenada. El veneno no se especifica, salvo por su efecto, que resulta ser paralizante.

Una vez que las víctimas muerden el anzuelo de la culpabilidad, tal y como narra el cuento, caen paralizadas.

La parálisis habitual ante el abuso psicopático nace del modo terrible con que el depredador camufla bajo la apariencia de benevolencia su más perversa actuación. Y es precisamente esto lo que lleva a su víctima a internalizar o introyectar la culpabilidad. Todo lo que le está ocurriendo es debido a su torpeza, estupidez y maldad, y por lo tanto se lo merece.

Sentirse culpable significa quedar paralizado ante el abuso, pues nadie se defiende si siente que se merece el maltrato.

Esto le viene muy bien al acosador porque una víctima paralizada por la culpabilidad (quedó «como muerta», dice el cuento de *Blancanieves*) es alguien fácil de victimizar con menor riesgo de respuesta.

De ahí ese empeño casi obsesivo en todos los manipuladores de acusar a sus víctimas de ser la causa de los propios malos tratos que sufren. La culpabilidad, una vez convencidas de ser merecedoras de su castigo y del acoso, las vuelve inocuas para los acosadores.

El proceso psíquico de acoso ejecutado bajo apariencia de un bien para la víctima provoca en esta la aparición de cuadros de estrés postraumático. Un Síndrome de Estrés Postraumático es un cúmulo de recuerdos de experiencias traumáticas que la persona no ha podido encajar y que, atravesadas y no digeridas por la mente (como el trozo de manzana), producen todo tipo de interferencias dejando a las víctimas como muertas (los enanitos creyeron que Blancanieves había muerto).

La disociación en las víctimas no es un efecto inhabitual de la mente traumatizada.

A lo largo de estos años he encontrado muchos pacientes adultos que guardaban el terrible secreto de los recursos disociativos que utilizaban desde muy pequeños para desaparecer mentalmente de los peores escenarios de abusos, terror y violencia intrafamiliar a base de inventar historias y emularlas en sus cabezas hasta el punto de vivirlas como en una realidad alternativa.

Las posibilidades disociativas de los niños procedentes de las Familias Zero son enormes, pues el cerebro infantil es especialmente proclive a la exacerbación de la fantasía, más aún cuando este recurso a la imaginación puede ser cuestión de supervivencia para el niño.

El *split* de la mente traumatizada es una forma de seguir con su vida sin permitir que la experiencia dolorosa de la víctima la bloquee.

Puede consistir en muy variadas estrategias con mayor o menor separación y conexión de las diferentes partes creadas en la partición estructural del Yo.

En muchos casos adopta la forma de la amnesia y no son pocos los pacientes que acuden a consulta y que en la sesión de anamnesis o exploración de sus vidas reportan no recordar absolutamente nada de sus infancias. Ello suele ser un signo de disociación extrema debido a infancias terribles que a veces es necesario recuperar mediante hipnosis o EMDR (Técnica de Movimientos Oculares, Desensibilización y Reprocesamiento).

En casos más extremos la disociación estructural de la personalidad alcanza particiones o partes que tienen mayor autonomía entre ellas, configurándose trastornos disociativos de mayor o menor entidad, desde las personalidades múltiples hasta los más graves casos de esquizofrenia.

Compañeras habituales de la disociación suelen ser las adicciones, en especial aquellas a sustancias alucinógenas que pueden crear estados psicodélicos o inducir a estados alterados de conciencia (hongos, *tripis*, LSD, marihuana, cannabis, peyote, ayahuasca, etc.).

Muchas víctimas del trauma familiar encubierto desconocen que ciertas formas de religiosidad extrema o de prácticas espirituales *new age* crean estados alterados de conciencia que pueden resultar altamente adictivos por inducir estados religiosos y místicos de éxtasis y disociación evasivos.

Otras adicciones producen excitación y obsesión que permiten reprimir los sentimientos dolorosos de las víctimas.

Así funcionan algunas de las más extrañas adicciones, como la «adicción al enamoramiento», que afecta a muchas víctimas de las Familias Zero y que las lleva a encadenar romances una y otra vez, creyendo que el próximo amante será quien las pueda liberar del doloroso e insoportable pasado de inaceptación, descuido y abuso en sus familias de origen.

Lo mismo ocurre en el alcoholismo, la bulimia, la ludopatía y otras adicciones de las que hay que recordar que quien las sufre se encuentra casi siempre en un estado de sonambulismo disociativo, llegando a ser la Personalidad Aparentemente Normal (PAN) muy diferente de la Parte Emocional (PE), que toma el control ejecutivo de la conducta cuando se produce la adicción.

Los signos que nos permiten identificar a una víctima del abuso psicopático familiar temprano cuando esta se encuentra bajo un trance disociativo son los siguientes:

- Desenganches de la realidad o *black-outs* ante películas que inducen potentes emociones que se acercan a las emociones dolorosas del abuso psicopático familiar.
- Encontrarse soñando despierto cuando la realidad exterior se vuelve dura o problemática.
- Sentirse como fuera del cuerpo como reacción a un *flashback* especialmente intenso o doloroso.
- Experimentar olvidos frecuentes con respecto a lapsos de tiempo en los que han estado «ausentes» o cosas que uno no recuerda haber hecho.
- Estar con la cabeza «en otra cosa» y «en otra parte» distinta a aquello que requiere prestar atención en ese momento.
- Tener experiencias vitales tan compartimentalizadas que parecen no pertenecer a la misma persona que las ejecuta.
- Vivir dobles vidas.
- Vivir ensoñaciones constantes en la vida diaria que le sacan del aquí y ahora.
- Vivir en una fantasía romántica, imaginando aventuras, amores idealizados, etc., que no le permiten hacer una vida normal.

Hasta cierto punto, los estados de trance disociativos son comunes a nuestra experiencia diaria. Los vivimos cuando conducimos sin darnos cuenta de por dónde hemos pasado, cuando estamos viendo una película en un cine o cuando no nos damos cuenta de que llevamos más tiempo del que creemos haciendo algo, absortos en ello.

Sin embargo, el problema de la disociación traumática procede del proceso por el que el niño sufrió tan brutales abusos en su infancia que solo es capaz de vivir en un estado disociado que le lleva a la paralización y al bloqueo de su dinamismo vital.

La inadaptación llega a un extremo incapacitante cuando el paciente no es capaz de integrar el dolor reprimido y prefiere vivir en su «nube de fantasía», en su adicción o en su trance disociativo favorito antes que vivir su propia vida.

Blancanieves debe salir del sopor y la paralización con el cuidado de los siete enanitos y el beso del príncipe que le permitan evitar tener que elaborar siempre nuevas ilusiones para renegar de la infancia dolorosa en la que sus progenitores no estuvieron para ella.

Solamente al reconocer esa verdad y aceptar esa realidad las víctimas de una Familia Zero pueden, con la pertinente ayuda psicoterapéutica, darse cuenta de que llevan toda la vida huyendo y dándole la espalda, temiendo y rechazando algo que ya nunca podrá volver a ocurrir, pues ya ocurrió una vez. Algo que ocurrió cuando eran niños indefensos, sin posibilidad de huir, escapar o hacer frente a aquellos progenitores tóxicos o abusivos.

Y sin embargo, vivir esto desde la consciencia del adulto que es hoy permite al paciente hacerse cargo de las partes disociativas que permanecen congeladas en la máquina del tiempo y ofrecerles el consuelo, el cariño y la protección que no obtuvieron en el pasado.

Vivir conscientemente el abuso, la manipulación y el abandono del abuso psicopático familiar de su Familia Zero de origen le permite al paciente verse libre por fin de esos sentimientos sin tener que reprimirlos o disociarse constantemente de su propia vida real.

Solo al transformar lo que estaba mal digerido, atragantado en su psique, Blancanieves puede por fin extroyectar el trauma y permitirse seguir adelante con su vida sin tener que pagar más peajes psicológicos y emocionales.

Salvando la ilusión de la familia feliz y aceptando la realidad de la Familia Zero, el sujeto vuelve a recuperar su dinamismo vital sabiéndose inocente, y sin tener que recurrir a la partición de su vida en trozos estancos y desconectados.

Las aparentes soluciones al trauma suponen bloqueos habituales para los adultos que vivieron en una Familia Zero.

# 19

# LA TRANSFUSIÓN DE LA MALDAD HACIA LA VÍCTIMA: LA INVERSIÓN DEL LOCUS DE CONTROL

Solamente hay algo peor que haber sufrido abusos en una Familia Zero. Y es haberlos sufrido sin ninguna razón.

La necesidad de sentido que experimentan las víctimas de los abusos parentales les conduce a experimentar lo que en Psicología del Trauma denominamos «Inversión o reversión del locus de control».

Esto se traduce para el niño victimizado en una verdadera «transfusión de maldad» hacia su interior que puede llegar a comprometerle severamente en el futuro.

Cuando el perpetrador de un trauma es una figura parental de apego primaria, el problema para el niño pequeño abusado o abandonado es doble.

Por un lado, debe sobrevivir al trauma y, por otro, debe apegarse de un modo seguro a la figura parental que es al mismo tiempo la fuente del abuso, del abandono o de un tipo de cuidado negligente.

La mente del niño obra entonces un doble salto mortal hacia delante para poder combinar estas dos exigencias simultáneas y biológicamente determinadas.

La explicación de lo que le ocurre pasa a tener que ver con sus propias características internas: «Me ocurrió esto porque era malo».

En muchas Familias Zero, la inversión del locus de control viene determinada por el sistemático maltrato, abuso físico o sexual o negligencia que practican sobre sus hijos.

Sin embargo, buena parte del maltrato que sufren los hijos de las Familias Zero consiste en abusos de tipo emocional y verbal con los que el niño pequeño recibe una lluvia incesante de hostilidad, invalidación, denigración, ataques verbales, burlas, menosprecio, ridiculización, comparaciones o desvaloración que le sitúan en una mayor vulnerabilidad de cara a la reversión del locus de control, puesto que generan automáticamente los correspondientes sentimientos de inadecuación y merecimiento del maltrato.

Cuando atendemos a los adultos que resultaron abusados en el seno de este tipo de familias, la amnesia perversa suele haber hecho olvidar todo el «chapapote» que sufrieron. Sin embargo, permanece en ellos una sutil y velada atribución negativa hacia sí mismos que no es fácil que aflore inmediatamente.

El hecho curioso es que, en lo más profundo de su ser, y a veces bajo numerosas capas de racionalización y negación, estos adultos sienten que merecieron lo que les pasó.

«Me ocurrió porque me lo merecía, porque no era digno, válido, inteligente o bueno».

Los mecanismos de supervivencia de la víctima al trauma mediante la «identificación con el agresor» o mediante el abandono de sí misma a su suerte (aceptando y aprendiendo la víctima la indefensión mediante la respuesta de paralización y congelación) ya han sido analizados como dos caras de la misma moneda que supone el epifenómeno traumático del apego al perpetrador.

## La inversión del locus de control

El término *locus* o lugar de control es un concepto desarrollado por Rotter en su teoría del aprendizaje social de la personalidad.

El «lugar de control» es una atribución que da predominancia a las percepciones que tiene la persona respecto al origen o causa de lo que acaece en su vida diaria.

Se refiere a su creencia básica respecto al origen interno (dentro del individuo) o externo (fuera del individuo) de las cosas que le ocurren.

Algunos atribuyen un rol predominante de sí mismos como sujetos activos, responsables y protagonistas de lo que les ocurre. Se habla entonces de «locus de control interno», pues el individuo interpreta que son sus propios pensamientos, actitudes o rasgos internos los autores de lo que le ocurre.

Sostienen la atribución de que aquello que le ocurre tiene origen en su propia conducta y actuación. Todo nace de lo que piensan, sienten y operan en su entorno.

Quienes despliegan un «locus de control externo» dan prioridad a atribuir al exterior la responsabilidad de lo que les ocurre: las circunstancias, las demás personas, la suerte, la voluntad de Dios, el karma, el destino, la fatalidad…

La necesidad de dar un sentido a la experiencia traumática del abuso intrafamiliar y de sobrevivir a este conduce frecuentemente al niño a una inversión de su lugar de control o a un reforzamiento perverso de su responsabilidad en los eventos traumáticos.

El cambio o reversión hacia el «locus de control interno» significa para el niño abusado autoatribuirse la responsabilidad sobre todo lo que le ocurrió, imputándose a él mismo ser merecedor, por inadecuado y falto de valía, de las peores actuaciones tóxicas de sus progenitores.

La imputación recurrente del progenitor abusivo y hostil al niño de ser el causante de sus propios males, junto a la acusación sistemática de que todo lo hace mal, es inadecuado, se porta mal, no se somete lo suficiente al abuso, etc., aumentan la fuerza de esta tendencia de la víctima a invertir el locus de control para encontrar una cierta *predecibilidad* y control sobre su vida.

Las víctimas dudan de sí mismas primero, para finalmente convencerse de que tienen razón los que los maltratan.

Desde el momento en que se produce esta inversión en el niño abusado, será mucho más fácil manipularle o someterle en la vida adulta, pues creerá que su abandono o maltrato posterior son inveterados y proceden de su temprana inadecuación y escaso valor como ser humano. Atribuirá a esas características internas las causas de la hostilidad, el maltrato o el abuso psicopático que sufrirá en la adultez por parte de los demás.

**El proceso de transfusión de maldad en las Familias Zero**

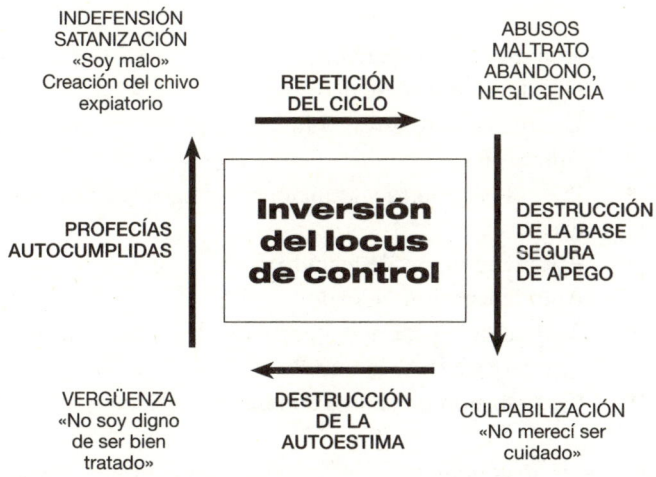

El cambio o la reversión del locus de control es una perversa transfusión del mal al Yo del niño traumatizado, convirtiendo al progenitor perpetrador en bueno y, por lo tanto, en alguien al que el niño puede apegarse de modo seguro. Resuelve el problema generado por el *skandalon* o apego al perpetrador, ya visto en el capítulo 8.

Es una estrategia esencial del niño para evitar el duelo imposible de tener que reconocer que «vino a los suyos y los suyos no lo recibieron».

Ese duelo se evita cada día con una pléyade de síntomas, diagnósticos, adicciones y conductas destructivas que el niño desarrolla. Dichos síntomas, junto con la amnesia traumática, tienen como función mantener intacto el sistema de apego, básico para la supervivencia del niño.

De este modo no es esperable que la inversión del locus de control operada en el niño y mantenida hoy en el esquema estructural del adulto revierta espontáneamente.

Se refuerza a diario en el paciente mediante:

- Automensajes negativos.
- Conductas autodestructivas.
- Conductas autolesivas y autoabusivas.
- Adicciones.
- Puestas en peligro y asunción de riesgos (accidentabilidad).
- Autodenegación de felicidad.
- Autodenegación de éxitos.
- Autosabotajes variados (profesionales, relaciones, familiares, sociales).
- Contratación de abusos con terceras personas.

Solemos encontrar recurrentemente estos patrones de reversión del locus de control en la mayoría de las personas que sufren violencia doméstica, en la población carcelaria (presos internos), en los enfermos psiquiátricos más graves (cuadros psicóticos mayores) y en las personas socialmente desestructuradas o marginales (mendigos, vagabundos).

La salida de la inversión del locus de control pasa por ayudar a revertir estos cambios en las atribuciones que realizó para sobrevivir cuando de niño se abusaba de él, y revelarle al paciente la verdad técnica de la inocencia de todas las víctimas del abuso familiar, señalando la responsabilidad y la verdadera culpabilidad allá donde se encuentra: en la indisponibilidad o la toxicidad de unos progenitores a los que el pequeño no pudo apegarse de un modo seguro.

Se trata, una vez más, de que el paciente acepte la verdad más dolorosa que un ser humano puede enfrentar: la de unos padres indisponibles que no estuvieron para él y la de una familia que le falló y que tuvo solamente una mera apariencia externa y social como familia, pero que no le sirvió como base segura de protección y refugio, una Familia Zero.

# 20

# EL MECANISMO SACRIFICIAL
# DEL CHIVO EXPIATORIO
# EN LAS FAMILIAS ZERO

Siguiendo al genial antropólogo René Girard y aplicando su teoría mimética, podemos decir que las víctimas de los sistemas familiares más perversos a menudo cumplen un rol salvífico para estos como chivos expiatorios.

El mecanismo terrible por el cual un niño abusado se convierte en la víctima propiciatoria de su Familia Zero permite a esta sobrevivir a costa de su destrucción. El niño abusado es el que «paga el pato» de la disfuncionalidad familiar.

Sin embargo, tener un chivo expiatorio es por definición no saber que uno tiene un chivo expiatorio. Esto le ocurre a la Familia Zero, y para mantener el secreto del abuso y sacrificio habitual de alguno de sus miembros es necesario recurrir a la distorsión de la realidad y de la comunicación.

## Un mecanismo nuclear configurador de orden

La Familia Zero que lincha a uno de sus miembros queda envuelta en una representación falsa de lo que está ocurriendo. A excepción quizás de aquel progenitor psicopatizado, que SÍ sabe lo que hace y que suele ser el instigador original de todo un proceso de abuso intrafamiliar generalizado, todos los demás participan «de buena fe» en el linchamiento y la eliminación de la víctima.

El acoso grupal y el mecanismo sacrificial de abuso funciona tanto más engrasado cuanto menos conscientes son los miembros de un *gang* familiar de estar envueltos en esta dinámica grupal.

El desconocimiento del mecanismo del chivo expiatorio es un requisito esencial para que «todo salga a la perfección».

Toda revelación de la inocencia de la víctima estorba y molesta el desarrollo de la ficción de su culpabilidad y es vivenciado por la familia como amenazante.

En toda Familia Zero hay una «oveja negra», «punto filipino», «garbanzo negro»…, que carga siempre con todas las culpas, los castigos, los abusos, y es culpabilizado por toda la disfuncionalidad familiar.

La terapia familiar sistémica avanza cada vez más para entender este mecanismo tan trivial y banal que genera la mayoría de los cuadros psicóticos mayores, desde las psicosis hasta los trastornos límite.

Cualquiera que se sitúe del lado de una víctima dentro de este sistema familiar en el momento en que sufre los abusos corre el riesgo de terminar tan linchada como ella.

El niño con muy poco poder real y efectivo frente a sus progenitores u otros hermanos es aislado y progresivamente hostigado y maltratado por los miembros familiares, que terminan imitándose unos a otros en la estigmatización, el abandono y el maltrato psicológico contra la misma víctima.

Todos los procesos de maltrato y linchamiento grupal se camuflan tras sentimientos, racionalizaciones y mitos.

Los sentimientos de odio, ira y resentimiento contra el chivo expiatorio canalizan de forma sustitutiva o vicaria la frustración del grupo familiar zero en crisis.

Las racionalizaciones de sus miembros convierten el abuso intrafamiliar grupal en el *bien* y a la resistencia del niño victimizado al acoso y su autodefensa como el *mal*.

El mito central de la maldad intrínseca de la víctima ayuda a transformar en aceptables todos los abusos. A medida que estos aumentan, también lo hacen las percepciones sesgadas y míticas del resto de los miembros de la familia acerca de su víctima común.

La resistencia de la víctima y su renuencia a reconocerse merecedora de la violencia suele exacerbar la violencia y el linchamiento grupal de los *gangs* familiares más nocivos. No solo aplastan al niño con todo su potencial de violencia, abuso emocional, manipulación y hostigamiento verbal, sino que le fuerzan a confesar su merecimiento y culpabilidad.

La necesidad de vencer su disonancia cognitiva y su «buena conciencia como progenitores modélicos» camufla la verdad de su propia violencia hacia su hijo, convertido así en un chivo expiatorio familiar.

La mayoría de las víctimas del abuso intrafamiliar terminan cediendo a esta presión grupal familiar gigantesca y se tragan de mil maneras el trauma, aceptando su responsabilidad, introyectando su inadecuación, su incapacidad o su mala actitud.

Blancanieves tragando la manzana envenenada una vez más.

Se convierte en un «niño malo», un «niño problema».

La psicoterapia familiar sistémica nos revela el rol habitual de estos pobres niños abandonados y linchados por sistemas familiares perversos en el mantenimiento estructural a modo de claves de bóveda o piedras angulares de dichos sistemas.

El mito central generado los perseguirá toda su vida hasta la edad adulta.

La acusación central de ese mito suele ser formulada y lanzada por un progenitor psicopático que, sabiendo lo que hace, inventa de manera perversa la versión falsa que justifica el linchamiento de su propio hijo.

En otros casos la acusación mítica es asumida implícitamente por el grupo familiar, necesitado de encontrar una justificación a su propia violencia y linchamiento, pergeñando así un argumento colectivo y mítico que consagre la unanimidad persecutoria.

La violencia familiar y el abuso se justifican como reparadores debido a una falta terrible, una debilidad o los errores que las víctimas han cometido. Los perseguidores familiares necesitan creer que sus víctimas son realmente culpables para lincharlas «en buena conciencia».

Aunque es muy fácil convencer a todo el mundo de la inocencia de un chivo expiatorio en abstracto, es casi imposible que los miembros de una Familia Zero reconozcan como tales a sus propios chivos expiatorios.

Y es que compartir un enemigo interno común permite distraer la atención de las disfuncionalidades familiares reales y reunifica a las familias más desestructuradas, consiguiendo la cooperación en un objetivo común: hostigar y maltratar en grupo a su chivo expiatorio.

El desconocimiento del mecanismo sacrificial grupal del chivo expiatorio es un requisito esencial para que este funcione bien engrasado, generando orden en el caos estructural de una familia disfuncional.

De ahí que el mecanismo deba ser disimulado mediante todo tipo de distorsiones y que el abuso familiar funcione siempre como algo clandestino y secreto en el seno de la Familia Zero en la que se produce.

La revelación de la verdad técnica y científica respecto al carácter arbitrario de la victimización de los chivos expiatorios en las Familias Zero rompe el mito central de su culpabilidad e impide la reconciliación de esos grupos familiares tóxicos sobre las espaldas de sus víctimas.

Debido a esto, la psicoterapia de un miembro abusado y linchado como chivo expiatorio familiar, hoy adulto, suele requerir en la mayoría de los casos su desacople y preservación total de su familia de origen mediante las estrategias de Contacto Cero.

No ser conscientes de este mecanismo mimético es la garantía del mantenimiento estructural de las Familias Zero en el tiempo, y por ello no es lógico esperar que estas acepten reconocer su propia disfuncionalidad, y menos aún la creación y el mantenimiento del mecanismo del chivo expiatorio como base de su funcionamiento.

Esa ceguera mimética convierte a los abusadores familiares en auténticos fariseos respecto a sus propias violencias, abandonos o negligencias para las que siempre encontrarán buenas razones y justificaciones.

Sintiéndose en todo momento inocentes de sus abusos, estarán dispuestos a condenar a cualquiera, o incluso al universo entero a su alrededor, con tal de no reconocer a sus chivos expiatorios como sus víctimas.

## El silencio de los corderos y el pacto de mutua indiferencia

Es constatable en nuestra especie la habitual indiferencia al sufrimiento y a las desgracias de los demás. No es distinto en el seno de las Familias Zero. Frente a los abusos traumáticos e injustos que les produjeron sus Familias Zero, es frecuente que las víctimas refieran haber sufrido más por haberse sentido abandonadas a su suerte por el resto de familiares no directamente abusivos (que miraron a otro lado y no los defendieron), que por el abuso directo de sus maltratadores.

Es especialmente terrible para los niños abusados que sean precisamente los seres humanos más cercanos a ellos, sus familiares más próximos (el otro progenitor, sus hermanos, tíos, abuelos, etc.), quienes permanecieron al margen, poseídos por una pasmosa indiferencia y aparente neutralidad ante sus sufrimientos.

Esta actitud indiferente, característica de los denominados «testigos mudos», resulta psicológicamente demoledora para los niños abusados, pues supone un abandono social en un momento esencial y crítico en que el apoyo familiar resultaría imprescindible.

El síndrome de «no va conmigo» transforma a los testigos familiares de la injusticia, el abuso, el maltrato y la violencia en seres indiferentes e indolentes respecto al sufrimiento del niño abusado, y los convierte en auténticos testigos silenciosos o mudos.

La pasividad ante el sufrimiento de otro produce en nuestra especie humana una disonancia formidable, y esos testigos familiares mudos ante los abusos no tardan en desarrollar explicaciones para justificarlos de mil maneras.

La necesidad de reducir la disonancia que genera la indiferencia ante las víctimas produce otro efecto perverso: la creación de una estrategia psicológica mediante una especie de contrato implícito o pacto de mutua indiferencia.

La mente realiza una curiosa pirueta racionalizadora. Mediante una especie de pacto implícito, cada uno de los miembros de la Familia Zero renuncia de antemano a ser ayudado por los demás miembros en el futuro, a cambio de quedar liberado de su obligación moral de socorrer o defender al que sufre los abusos, que es quien lo necesita en la situación presente.

Este «pacto de mutua indiferencia» sirve para aplacar la mala conciencia de los indiferentes o testigos mudos, pero garantiza la posición de dominio permanente de todos los abusadores familiares.

A cambio de no tener que ayudar a nadie, los miembros de la Familia Zero renuncian en el futuro a un «supuesto» derecho a recibir ayuda por parte de los demás. La reciprocidad social se preserva, pero a costa de anular la solidaridad colectiva como legítima expectativa del grupo familiar. Una *omertá* negativa se extiende así, consolidando el poder psicopático familiar por eones.

Esta salida individual mediante el «pacto de mutua indiferencia» extiende en toda la sociedad el relativismo moral respecto a todo tipo de abusos a los que se busca racionalización y justificación.

La obligación natural de ayuda a las víctimas cercanas o próximas que en todas las culturas humanas era un patrón universal se ve desactivada gracias al impacto de la psicopatización familiar.

Quienes se mostraron anteriormente indiferentes ante las injusticias de otros y son hoy víctimas de las mismas o parecidas injusticias no sienten así que tengan moralmente el derecho a reclamar ni a recabar el auxilio de los demás. El *ordo psychopaticus* se extiende por todo el mundo con una sociedad llena de miembros indiferentes a todo tipo de víctimas inmersas en mecanismos de linchamiento.

El resultado concreto de todo esto es la paralización ética de casi todos y la extensión y propagación del mal en medio de la inacción de la mayoría.

Esta sociedad moralmente paralizada es así el producto de individuos que adoptan una misma posición indiferente ante la suerte de otros.

Todos y cada uno de los miembros de la familia en la que se produce el abuso tienden a ser incorporados de alguna manera al proceso, hasta el punto de que, tarde o temprano, se les exigirá a todos los miembros un posicionamiento individual no ambiguo y explícito.

El mimetismo obliga tarde o temprano a todos los miembros de un grupo humano a alinearse, es decir, a posicionarse ética y moralmente a favor o en contra de cada una de las partes enfrentadas en el abuso: a favor o en contra.

En todos los procesos de victimización se termina produciendo este tipo de alternativa diabólica.

Quien no hace nada por socorrer a las víctimas no solo ya está tácitamente del lado de quien abusa de ellas, sino que, además, con el tiempo, es requerido y urgido a integrarse de facto al *gang* de los que practican dichas injusticias.

Es una cuestión de tiempo que todos los agentes del entorno familiar del acoso se vean obligados a alinearse, es decir, a elegir entre «el *gang* o la víctima».

La presión que reciben los testigos mudos para pasar a ser miembros activos del *gang* familiar es mayor en la medida en que cualquier posicionamiento solidario a favor de las víctimas puede resultar peligroso por quebrar la unanimidad necesaria para que resulte eficaz el mecanismo del chivo expiatorio.

Un posicionamiento solidario puede llegar a producir la detención e incluso la reversión de un proceso de acoso contra sus instigadores.

Los abusadores familiares suelen deformar los procesos de comunicación en detrimento de sus víctimas. Las modalidades para distorsionar los hechos que utilizan suelen ser muy variadas. Una comunicación pervertida y deformada ayuda decisivamente en el proceso de introyección de la culpabilidad. Se suelen apoyar en cuatro comportamientos de manipulación para generar la culpabilidad en sus víctimas:

- *Selección*: escogen de manera sesgada un acontecimiento o situación, o una parte específica de este, aislándolo del resto. Se inventan todo lo demás, manipulando a su antojo los datos reales.

- *Dramatización*: amplifican perversamente la repercusión del hecho aislado, inventando supuestos perjuicios de ese hecho, inflando las consecuencias adversas o negativas o, simplemente, inventándoselas, situándose ellos como primeras víctimas.

- *Generalización*: utilizan un hecho aislado, señalándolo como muestra significativa de habitual y general comportamiento inadecuado e inaceptable de la víctima. Se trata supuestamente de una muestra o indicador del «mal» comportamiento típico y habitual en ella.

- *Atribución*: atribuyen a la víctima una intencionalidad perversa, o la presunción de mala fe o de actuar mal adrede, buscando perjudicar a la familia, su imagen, su fama, etc.

El abusador familiar deriva de esa acusación aislada la atribución a las víctimas de rasgos internos indeseables o incompatibles con un comportamiento filial adecuado.

Este proceso de «satanización» hace creer verdaderamente a las víctimas del abuso familiar en las imputaciones perversas que hacen contra ellas.

A base de repetir la acusación, manipular la información y deformar la comunicación, el abusador familiar consigue que la víctima acepte sus acusaciones e internalice la culpabilidad.

Estas estrategias pretenden lograr la paralización, la duda, la indecisión, la inseguridad y, finalmente, la indefensión de la víctima ante sus ataques.

El proceso de convertir a alguien en un ser moralmente reprobable para lograr su destrucción y eliminación psicológica presenta cuatro fases:

1. En cuanto la víctima acepta su responsabilidad por las acusaciones de que es objeto, el maltratador trabaja sobre su culpabilización.
2. En cuanto la víctima acepta su culpabilidad, el maltratador trabaja para generar en ella un sentimiento interno de vergüenza.
3. En cuanto la víctima siente vergüenza de sí misma, el maltratador trabaja para que se sienta mala o perversa moralmente.
4. Una vez que acepta el rol de malvada, el ciclo se completa y la víctima abusada siente que es mala persona, un mal hijo, un mal hermano, etc.

La víctima no solo siente que ha cometido errores, sino que cree que ella *es* el error. Cuando se convence a la víctima de que *es un error*, no es extraño que aparezcan ideación o intentos autolíticos.

Este tipo de abusadores tóxicos fomentan a todos los niveles la rivalidad y el conflicto crónico en la propia familia.

Los juegos psicológicos de «suma cero» y la extensión de la cizaña, de la estrategia de «dividir para vencer», hacen que cada uno viva a los demás familiares como adversarios a batir en una especie de *ley de la selva* generalizada que transforma paulatinamente todas las relaciones familiares en alternativas de *yo gano-tú pierdes*, o bien de *tú ganas-yo pierdo*.

La cooperación se vuelve imposible y la confianza se extingue.

El mecanismo sacrificial del chivo expiatorio o *culpable universal* de todo cuanto de malo ocurre en esa Familia Zero explica que todos sus miembros, convenientemente manipulados y convencidos de la culpabilidad de la víctima, son requeridos y urgidos a cooperar en el linchamiento.

# 21

# LOS EFECTOS NEUROLÓGICOS DEL TRAUMA DE LA FAMILIA ZERO

A nivel cerebral son varios los mecanismos activados e involucrados en la continuación del trauma en la vida del niño traumatizado y futuro adulto.

Los caminos neuronales que activa el trauma terminan asociando este a otras conductas por las que la víctima va a pagar un alto precio a lo largo de su vida. De este modo, a una infancia dolorosa y cruel sucede una vida plagada de dificultades creadas por los efectos neurológicos que el mismo trauma creó.

Cuando el niño ensaya repetidamente apegarse y obtiene a cambio una sistemática frustración que culmina cada uno de sus intentos, su cerebro comienza a trazar senderos neuronales que recorre una y otra vez en forma de ensayo y error y que se convierten en los caminos habituales (vías neurales preferentes) para ensayar de manera análoga sus futuras conductas de apego, amor, sexo o afiliación cuando estas se activen en el adulto.

No parecerán extraños ciertos fenómenos que ocurren a las víctimas del trauma de una Familia Zero cada vez que en la vida adulta se enmarañan en todo tipo de experiencias de afiliación tóxicas.

Un trauma, según la psicología, queda definido por el impacto que deja en un organismo un evento traumático. El criterio nuclear para el diagnóstico de un Trastorno de Estrés Postraumático es la presencia de un evento traumático. Se define un evento traumático como «una situación en la que una persona ha experimentado, presenciado o hecho frente a un acontecimiento o acontecimientos que involucraron un riesgo para la vida o la integridad propia o de terceros, o una amenaza para la integridad física propia o de terceros».

La persona puede haber reaccionado desarrollando un intenso miedo, indefensión u horror. En los niños pueden desarrollarse comportamientos desorganizados o agitación.

> Estrés postraumático =
> acontecimiento extremo + respuesta extrema

En el fondo no existen puros acontecimientos traumatizantes *per se*, independientemente de la respuesta que da el individuo.

La variabilidad de los sujetos a los mismos acontecimientos traumatizantes puede ser elevada. Por eso el problema para establecer el carácter traumatizante de una experiencia es arduo y hay que atenerse siempre a un análisis pormenorizado de cada caso.

Existen acontecimientos universalmente traumatizantes: un acto terrorista, una catástrofe natural, un intento de asesinato o un accidente en el que mueren los miembros de la propia familia.

La respuesta de estrés postraumático del cerebro ante el trauma es una respuesta normal ante un hecho anormal para el que no estamos preparados.

Los traumas que generan en el cerebro de la víctima la respuesta de estrés postraumático se suelen clasificar en cuatro tipos:

- *Trauma simple*: un hecho puntual muy grave, como una catástrofe, un accidente, un terremoto, un tsunami, un huracán.

- *Trauma relacional*: el evento conlleva la intención subjetiva de hacer daño: maltrato, violencia, crímenes, torturas, secuestro, actos de terrorismo.
- *Trauma del desarrollo*: maltrato infantil, abusos sexuales, palizas, incesto, negligencia, divorcio, abandono.
- *Trauma complejo*: combina dos o más de los traumas anteriores.

El trauma de traición que vive el niño en el seno de una Familia Zero es un trauma *complejo* que suele involucrar los tipos de trauma *relacional* y *del desarrollo*.

La hiperreacción al trauma es habitual en nuestra especie ante estos acontecimientos. Sin embargo, en no pocas ocasiones las personas pueden experimentar ante el acontecimiento traumatizante otras reacciones diferentes que no son de miedo, indefensión y horror.

Es muy habitual en la clínica observar la existencia de otro tipo de reacciones ante el trauma consistentes en:

- Embotamiento emocional.
- Desapego.
- Desconexión del entorno.
- Desrealización.
- Frialdad emocional/congelación.
- Despersonalización.
- Amnesia disociativa.
- Sensación de irrealidad.

La idea que la mayoría de las personas se hacen del estrés postraumático tiene que ver con la representación de un suceso vital extremo para el que nuestro cerebro no está preparado y una respuesta emocional igualmente extrema que se corresponde con la magnitud del evento.

Los grandes traumas obedecen a esta ley. Se les denomina «traumas de tipo 1».

¿Qué ocurre cuando los acontecimientos traumáticos no son tan extremos, consisten en acontecimientos no tan intensos, pero más repetidos y frecuentes en el tiempo?

Los casos de *mobbing* (acoso laboral), *bullying* (acoso escolar) o las situaciones de emparejamiento con psicópatas (Amor Zero) nos ofrecen buenos ejemplos de esta segunda modalidad de generación de un TEPT.

La reacción extrema en estos casos no depende de la intensidad del acontecimiento traumático, casi nunca un evento intensamente traumatizante, sino del gota o gota o *tántalo* que la víctima recibe dentro de un entorno del que no puede escapar, que lo somete a indefensión como, por ejemplo, el trabajo, la escuela o la íntima relación de pareja y familiar. Se les denomina «traumas de tipo 2».

Otro problema ante el trauma intrafamiliar es que los acontecimientos traumatizantes pueden adoptar una forma negativa. Es decir, no se refiere tanto a sucesos que el niño haya vivido en su Familia Zero, sino a los que *no ha vivido*.

Las cosas terribles que le ocurrieron en su infancia pueden llegar a ser mucho menos traumatizantes que las cosas que NO ocurrieron y debieron haber ocurrido.

En este sentido la falta de cuidado, amor, protección, atención, afecto, límites o respeto han dejado al niño traumatizado.

El no haber sido especial, no ser el niño de papi o mami, o el no haber recibido ninguna atención en momentos cruciales de su desarrollo pueden llegar a pesar más que los abusos directos, el maltrato, la violencia o las humillaciones.

El trauma más profundo e inexpugnable de las Familias Zero no es el tipo de disfuncionalidad que resulta evidente, sino la que permanece encubierta para las propias víctimas.

En su recuerdo no es posible encontrar escenas altamente traumáticas ni violencias o abusos sexuales. No es que las hayan olvidado, es que no existieron.

Sin embargo, los pecados de omisión de las Familias Zero llegaron a destruirlos igualmente.

Desde la Psicología del Trauma, lo más grave que nos encontramos no son siempre ataques a la integridad del niño, como palizas, golpes, abusos emocionales, físicos o sexuales. Suelen ser
mucho más graves, por encubiertas e integradas en la normalidad
del adulto, aquellas situaciones que no ocurrieron y que debieron
haber ocurrido. En especial los ataques al proceso de apego y la
incapacidad de los progenitores de consolidar una base segura de
apego para sus hijos debido a distintas causas. Una madre fría,
desapegada o abandónica no resulta así para la DSM (clasificación
internacional de enfermedades mentales) un criterio suficiente
para acreditar el desarrollo de un TEPT.

Las necesidades psicológicas básicas que un niño busca en el
comportamiento de sus progenitores son las de:

- Apoyo.
- Respeto y aceptación de sus límites.
- Validación intrínseca.
- Cariño, afecto incondicional, amor.
- Dirección y guiado.
- Consistencia.
- Seguridad física y cuidados físicos.

Cuando estas funciones no se satisfacen suficientemente, el
cerebro del niño se ve obligado a sortear esto de mil maneras cada
vez más costosas, pues tendrá que emplear toda su energía psíquica
para sortear la indisponibilidad de su Familia Zero.

Lo que realmente importa para el desarrollo del trauma en
el cerebro de los niños procedentes de las Familias Zero es el
fallo en el sistema de apego que estos van a arrastrar a lo largo de
sus vidas.

## Dos elementos esenciales para calcular el trauma de las Familias Zero: la Carga de Trauma (CT) y el Umbral Crítico Traumático (UCT)

El Trauma se genera siempre a partir de una compleja interacción entre acontecimientos externos y la respuesta del organismo a ellos. En esta interacción se suelen activar neuronalmente muchos senderos, bucles de *feedback*, reacciones recursivas y flechas causales en distintas direcciones.

Hay riesgos del pasado, bases genéticas de mayor o menor resistencia, experiencias natales y perinatales condicionantes, etc., que impiden una evaluación simplista basada solo en la cantidad de exposición al acontecimiento externo desencadenante.

Uno de los elementos que más nos han servido a los psicólogos que nos dedicamos al trauma es haber aprendido a evaluar en los sujetos que asisten a terapia la Carga de Trauma (CT) como un elemento esencial.

Se trata de entender que los traumas no aparecen en medio de la nada existencial, sino que los sujetos traumatizados proceden de otras experiencias anteriores que los han dejado marcados, sensibles o vulnerables al subsiguiente trauma.

El concepto de umbral comprende el modo en que una persona puede ir incorporando traumas en su vida hasta el momento en que cualquier pequeña carga suplementaria de un suceso activador es susceptible de desencadenar una respuesta de estrés postraumático.

Los sucesos traumáticos continuados (*ongoing* trauma) pueden suponer meses o años de No Respuesta por parte del sujeto, hasta el momento en que un día, sin que ocurra nada de mayor entidad o gravedad, el sistema psíquico se viene abajo y se produce la crisis.

¿Por qué de repente un trabajador sometido a acoso laboral o un niño que es víctima del acoso escolar un día determinado no pueden más y entran en crisis? La respuesta a esta extraña reacción es que el trauma es un gota a gota que va erosionando y minando la resistencia psíquica hasta el día en que el sujeto alcanza un determinado umbral en su carga de trauma y el vaso se desborda.

Lisa y llanamente, no puede más. No le cabe más y entonces alcanza un umbral crítico (Umbral Crítico Traumático), desarrollando a partir de ahí el cuadro clínico postraumático, que suele aparecer con una crisis de pánico o ataque de ansiedad.

Alcanzar el Umbral Crítico Traumático (UCT) puede depender de otras variables diferentes a la mera acumulación de traumas por el *gota a gota*.

Si tomamos como ejemplo el abuso sexual infantil, sabemos que este trauma puede suscitar mayor o menor respuesta traumática dependiendo de otras variables, como pueden ser el número de abusos, si van o no acompañados de violencia, la edad de inicio de los abusos, la duración total del proceso, si era compartido o no por otros miembros de la familia, el grado de intimidación, violencia o amenazas involucrados, el grado de parentesco o dependencia respecto del perpetrador, el secreto en las actuaciones y, sobre todo, la combinación de ese abuso sexual con otros tipos de traumas infantiles en la misma Familia Zero de origen.

Parece que el cerebro humano viene al mundo con una cierta resiliencia o capacidad de carga de trauma, y que muchos individuos suman muchos puntos muy rápidamente, llegando ya desde muy pequeños a estar anegados por una insuperable carga traumática.

A mayor carga traumática, mayor susceptibilidad al nuevo trauma y menor resistencia.

No hay nada positivo en el hecho de acumular trauma, como algunos indocumentados parecen sugerir. Un trauma no prepara para el nuevo trauma, sino que complica la supervivencia de forma decisiva acelerando la quiebra del sistema psíquico. Cuanto mayor es la carga, mayor es la rapidez con la que el sujeto nuevamente traumatizado se quebrará mentalmente.

También hay que tener en cuenta la susceptibilidad cerebral del sujeto como variable moduladora. Ciertos niños resisten mejor que otros el embate del trauma.

La ciencia ha descrito diversas situaciones prenatales que comprometen ya al feto para la futura edad adulta: enfermedades de la madre, alcoholismo, adicciones, el impacto de medicamentos, el maltrato emocional o físico a la madre, etc.

La carga del trauma se activa desde antes de nacer y muchas personas pagan el precio de ello décadas después convertidas en altamente susceptibles al trauma.

## El *priming* (primado) traumático previo aumenta la CT (Carga de Trauma)

El primado (*priming*) ocurre en todos los órdenes de nuestra vida. Es más fácil transitar un camino ya frecuentado que abrir una senda en medio del bosque.

A nivel neuronal ocurre lo mismo: se abren ciertos surcos, ciertas vías preferentes por las que corren más rápidos los impulsos eléctricos.

El descubrimiento más reciente en Psicología del Trauma consiste en la confirmación de algo que el sentido común ya nos dictaba. Sabemos de forma fehaciente que la susceptibilidad al trauma puede verse incrementada y potenciada por la existencia de traumas anteriores. Lo sabemos desde el trabajo con los veteranos de las guerras, siempre más vulnerables a desarrollar TEPT en la medida en que procedían de Familias Zero donde habían sufrido anteriormente abusos y traumas infantiles crónicos.

Los circuitos neuronales de los niños que proceden de las Familias Zero han sufrido un más que probable deterioro debido a las enormes y crónicas dosis de cortisol que segregaron sus cerebros ante el trauma continuado.

Con mucha probabilidad, el cíngulo hipocampal y otras estructuras críticas han resultado afectadas con la aparición en el cerebro de metabolitos tóxicos que pueden explicar las susceptibilidades, sensibilidades y reacciones extrañas que sufren muchos de estos niños traumatizados, hoy adultos. Las modificaciones de las estructuras hipocampales ante el trauma continuado, de las que ya tenemos pruebas físicas y estudios hechos mediante escáner MRI[*], permiten explicar que la susceptibilidad al trauma es exponencial y que a mayor carga traumática, mayor será la susceptibilidad ulterior al trauma debido a los cambios en el tamaño, la atrofia y la hipoactividad en el funcionamiento del hipocampo.

El daño en algunas neuronas y la muerte de otras garantizan el mal funcionamiento del cerebro del niño traumatizado, que ve comprometidas sus estructuras neurológicas (*hardware*) en los momentos más críticos de su desarrollo.

La mayor comorbilidad y la aparición de multitud de extraños síntomas contingentes al desarrollo del TEPT pueden ser explicadas por el deterioro temprano del *hardware* del niño traumatizado.

La buena noticia radica en la reversibilidad de muchas de estas lesiones y en la enorme plasticidad del cerebro humano, que tiene una formidable capacidad de autorreparación de la que hoy aún somos apenas conscientes.

## Los circuitos eléctricos neuronales y la química cerebral ante el trauma

A causa del trauma, el circuito eléctrico neuronal se encuentra ante una respuesta extrema, activándose todo el cerebro para hacer frente a una crisis mayor de supervivencia.

---

[*] Véase el interesante estudio de María Antonia Azcárate Mengual con las víctimas de acoso, *Trastorno de estrés postraumático: daño cerebral secundario a la violencia*, Ediciones Díaz de Santos, Madrid, 2007.

Trascendiendo el funcionamiento normal, el cerebro se activa a un nivel superior de energía y muchos de los circuitos más delicados terminan «fundiéndose» o funcionando anormalmente.

El trauma coloca al cerebro como en un «acelerador lineal de partículas». Sus modos de funcionamiento adquieren otras propiedades emergentes distintas cuando se encuentra «acelerado» por el impacto del trauma. Esa aceleración emocional hace que el niño traumatizado vea alterados los funcionamientos más normales de su cerebro.

El dilema imposible de elegir entre la respuesta de huida o la de confrontación expone al pequeño a un tipo de neurosis experimental sin salida, pues pasa de una a otra sin poder resolverlas nunca.

Los esquemas de desarrollo más necesarios y sus requerimientos primordiales quedan alterados. Los circuitos neuronales asociados a sus funciones primordiales quedan alterados. En el futuro presentará alteraciones y un funcionamiento deficitario en las siguientes áreas de su desarrollo:

- La conexión con los demás y la adaptación al entorno.
- La autonomía y autoeficacia (independencia emocional).
- El establecimiento de límites realistas (sentido del Yo).
- Las capacidades de autodirección interna (voluntad), autodeterminación (asertividad) y autoexpresión (*internal talk*).
- La espontaneidad y el disfrute de la vida.

También la química cerebral se verá comprometida por el trauma debido a una serie de funcionamientos anómalos.

Muchos de los niños traumatizados con un TEPT crónico, o que desarrollaron las heridas de un sistema de apego devastado por los abusos o la inconsistencia parental (como es el caso del Trastorno Límite de la Personalidad) han aprendido a poner la química del cerebro a su servicio.

De manera fortuita, aprenden a usar el ciclo de la 5HT o serotonina cerebral a su favor, induciendo ciertas lesiones físicas (automutilación mediante pequeños cortes o lesiones) que estimulan la farmacopea neurológica y le inducen a fabricar una serie de calmantes biológicos inmediatos que tienen como resultado aliviar la pena, la tristeza o la angustia.

Muchos niños y adultos se automutilan de ese modo buscando aliviar el dolor que la alta intensidad emocional de un cerebro acelerado por el trauma les depara, usando para ello la misma química del cerebro.

De ese modo se colocan en situaciones de riesgo o de nuevos peligros que disparan el circuito noradrenérgico por la ansiedad generada, esperando la reacción del cerebro de contrarrestar todo eso con la subsecuente fabricación de serotonina.

Dicho de otro modo, se ponen en situaciones de mayor traumatización para intentar mitigar los daños de otras situaciones traumáticas anteriores.

# 22

# LOS 10 BLOQUEOS EMOCIONALES (*SKANDALON*) ENTRE LAS VÍCTIMAS DE LAS FAMILIAS ZERO

El punto cero de partida de toda recuperación exige en el niño traicionado y hoy adulto superviviente de su Familia Zero una completa aceptación de la traición y del consiguiente trauma y bloqueo que se han derivado en su vida.

Sin este reconocimiento, a veces muy doloroso, queda anclado y bloqueado en una serie de rutinas y compulsiones de repetición.

Los fallos en la configuración inicial de su sistema de apego lo vinculan a veces de modo incoherente o caótico a dos fuerzas contradictorias que le condenan a sufrir extraños fenómenos relacionales de por vida:

- Por un lado, sufre una fuerza interna que le conduce a experimentar la necesidad de acercarse a los demás, someterse a sus expectativas, necesidades o requerimientos para poder tener cercanía e intimidad con ellos.
- Por otro lado, no puede evitar la compulsión de tener que huir, alejarse de ellos y evitarlos, pues siente que la cercanía e intimidad puede ser peligrosa y letal.

Si no se asoma a la ventana de su verdad respecto a su familia de origen, corre el riesgo de quedar finalmente bloqueado en un bucle de repetición que consumirá e hipotecará la mayoría de su energía psíquica por el resto de su vida.

Al igual que un ordenador cuando se bloquea requiere un reinicio o *reset*, lo mismo le ocurre a la víctima del trauma familiar zero: requiere un tipo de terapia que le ayude a resetear su sistema de apego congelado o fijado en la dirección equivocada.

Las defensas que crea el niño para sobrevivir en el entorno invalidante de una Familia Zero son adaptativas y le permiten sobrevivir en las circunstancias adversas de su familia abusiva durante su infancia. El problema llega en la vida adulta cuando esas defensas se vuelven *inadaptativas*, es decir, impiden al superviviente percibir los abusos o defenderse de ellos a tiempo.

### Bloqueos más habituales entre las víctimas de las Familias Zero

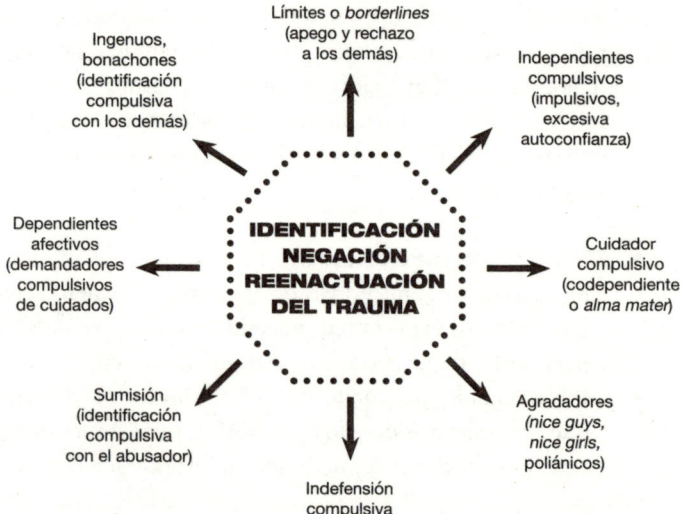

Los mecanismos de defensa, otrora eficaces, se vuelven fuentes de todo tipo de bloqueos, causando gran sufrimiento para el adulto y condenándolo a pasar de unos abusos a otros sin solución de continuidad. De la Familia Zero al Amor Zero. Del progenitor abusador originario a la pareja maltratadora o abusiva en la vida adulta.

Los bloqueos que experimentan las antiguas víctimas de las Familias Zero en la vida adulta suponen la sistemática fijación en el obstáculo de repetición (*skandalon*), que es siempre el frustrado intento del niño de que sus progenitores aseguren su supervivencia básica, permitiéndole crear en su relación con ellos una base segura de apego.

Los 10 bloqueos más habituales entre las víctimas de las Familias Zero son los siguientes:

1. Indefensión compulsiva (autoabandono).
2. Sumisos (identificación compulsiva con el abusador).
3. Independientes compulsivos (impulsividad, exceso de autoconfianza y de asunción de riesgos).
4. Cuidadores compulsivos (codependientes y *alma maters*).
5. Dependientes afectivos (demandadores compulsivos de cuidados).
6. Límites o *borderlines* (ira, comportamiento simultáneo de apego y rechazo a los demás).
7. Agradadores compulsivos (*nice guys, nice girls, pagafantas* y personalidades poliánicas o no confrontativas).
8. Ingenuos, bonachones, crédulos (identificación compulsiva con los demás).
9. Negadores (negación, separación o distorsión compulsiva de la realidad).
10. Contratadores compulsivos de nuevos abusos (reenactuación del trauma).

## 1. Indefensión compulsiva (autoabandono)

Los niños se ven a sí mismos del mismo modo que los ven los ojos de sus cuidadores primarios. «Se cuida como lo cuidaron. Se descuida a sí mismo como lo descuidaron».

El niño está tan absorbido y focalizado (escandalizado) por el obstáculo que un progenitor indisponible significa que no advierte ya sus propias necesidades.

Aprende a no cuidar correctamente de sí mismo, a fuerza de repetir el patrón habitual de los modos y maneras con los que fue tratado.

Sus neuronas espejo emulan el comportamiento abandónico de sus progenitores y lo repite desarrollando esa misma actitud hacia sí mismo como un patrón de comportamiento recursivo.

«Me cuido del mismo modo que me cuidaron. Me abandono del mismo modo que fui abandonado».

Esta inatención del niño hacia sí mismo se transforma en el adulto en un patrón constante de indefensión aprendida. Reaccionará en la vida con ese patrón cada vez que perciba peligros o ataques externos.

Estos adultos terminan viviendo en el abandono y descuido físico, material, médico y psicológico de sí mismos. Viven replicando el caos primordial que ya vivieron.

Trivializan y normalizan un modo de vivir en el que ellos mismos ya no se encuentran dentro de la ecuación.

Sus entornos vitales muestran y demuestran un descuido patente que indica su convencimiento de que para ellos mismos no merecen la atención o la dedicación suficientes.

## 2. Sumisos (identificación compulsiva con el abusador)

Por razones evidentes de supervivencia, el niño se ve obligado a aprenderlo todo del progenitor abusador, a anticiparse a sus intenciones, a aplacarlo, a no provocarlo y a esquivarlo adaptándose a todos sus caprichos, mandatos u ocurrencias más peregrinas.

El niño queda supeditado a los estados de ánimo del progenitor abusador, siendo estos caóticos, variables e impredecibles. De este modo, pierde la consistencia y coherencia que le ayudarían a desarrollar su propio Yo como separado del de sus tóxicos progenitores.

Cualquiera que tenga poder representará para él en la vida adulta un peligro, del mismo modo que lo representaban papá o mamá.

Manejar esta situación mediante el recurso a doblegarse y someterse será su especialidad.

En estas circunstancias no puede derivarse ninguna asertividad de ese niño, cuando ni siquiera pudo saber quién es ni qué quiere en la vida.

## 3. Independientes compulsivos (impulsividad, exceso de autoconfianza y de asunción de riesgos)

Algunos niños reaccionan hiperactivando su conducta exploratoria y de asunción de riesgos de un modo excesivo y peligroso, convirtiéndose en adultos intrépidos e indómitos, siempre a la busca de nuevas experiencias «plus ultra», más allá de todos los límites.

Estos niños tienden a sufrir accidentes ya desde muy pequeños por no conocer el límite a su fantasía de poder explorarlo todo sin importar que no están bajo el cuidado o supervisión de progenitores fallidos.

Ni esperan ni solicitan ya una protección, cuidado o refugio que saben les serán negados y reniegan de toda posibilidad de ayuda o consuelo. Evitan todo afecto y todo cariño en la vida adulta, pues aprendieron que jamás llega para él. Y si no cabe recibirlo, ¿a qué esperarlo de nadie?

Antes que ser rechazados, abandonan la expectativa poniéndose a distancia de los demás. La cercanía o intimidad significa peligro y desarrollan todo tipo de mecanismos evitativos para mantenerse lejos de quienes pretenden más intimidad con ellos.

Se volverán autosuficientes y emocionalmente distantes. No desearán vinculaciones, pues para ellos el vínculo afectivo y la intimidad significan, o peligro, o sufrimiento asegurados.

## 4. Cuidadores compulsivos (codependientes y *alma maters*)

Los agradadores se convierten en radares a la búsqueda de sintonizar y adelantarse a las necesidades de los demás. Son niños que han terminado fundiéndose con el obstáculo, desapareciendo literalmente como personas al servicio del cuidado y la satisfacción de los demás.

Con frecuencia eligen profesiones de asistencia y protección.

Suelen racionalizar el autosacrificio de mil maneras para no detectar o identificar el origen traumático y mantener el secreto de la Familia Zero.

El cuidado se proporciona, sea este solicitado o no. Dar y dar hasta que duela es el lema de tantos codependientes y *alma maters* que confunden dar con recibir y que se convierten en víctimas de todo tipo de abusos y explotación interpersonal, económica, afectiva, sexual y profesional.

El *cuidador compulsivo* es un sujeto fácilmente explotable, pues no espera a que le ordenen nada, sino que se adelanta y da generosamente por defecto y sin ninguna contención. Lo da todo sin que le sea devuelto nada.

Su esperanza inconsciente de ser algún día rehabilitado o que se le devuelvan los rendimientos de su inversión en el cuidado y la atención de los demás no es nunca satisfecha y acumulan un sordo resentimiento a medida que se van quemando (*burnout*) irremisiblemente.

## 5. Dependientes afectivos (demandadores compulsivos de cuidados)

Estos niños exacerban su necesidad de cuidado agrandándola y convirtiéndola en nuclear y obsesiva. Buscan ser objeto de atenciones por parte de los demás y hacen lo que sea con tal de obtenerlas.

Se cuelgan afectivamente de figuras de autoridad en todo tipo de relaciones, que para ellos significan la sustitución del no cuidado parental por la demanda de cuidados y dirección en todas las áreas de su vida.

El único modo de acercarse a ellos es a través de la provisión de mimos, cuidados o atenciones. El futuro es convertirse en proveedor de dependiente afectivo, dejando que este se cuelgue firmemente del nuevo progenitor.

Pueden llegar a enfermar o simular estar enfermos con tal de recibir esas atenciones. Tan grande es su necesidad.

## 6. Límites o *borderlines* (ira, comportamiento simultáneo de apego y rechazo a los demás)

Aunque parece regido por la locura y la incoherencia, el comportamiento límite o *borderline* tiene una lógica interna muy precisa en relación al apego fallido.

Estos niños desarrollan una compulsión de rechazo y apego secuencial.

En cuanto perciben la indisponibilidad de la figura de apego o su falta de respuesta a sus requerimientos, despliegan la ira, la rabia y las reacciones típicamente *borderlines*, rompiendo la relación con tal de no ser abandonados de nuevo.

«Te rechazaré antes de darte una nueva oportunidad de rechazarme, de abandonarme o rechazarme de nuevo».

La violencia emocional surge como reminiscencia de una Familia Zero violenta o incoherente. Como adultos, esta volatilidad emocional puede llevarlos a victimizar a otros, o a sus propios hijos, y de este modo repetir de nuevo el ciclo de la Familia Zero.

## 7. Agradadores compulsivos (*nice guys, nice girls, pagafantas* y personalidades poliánicas o no confrontativas)

El sometimiento compulsivo a agradar a los demás de la nutrida población planetaria de *nice guys, nice girls, pagafantas,* personalidades poliánicas y otros «agradadores profesionales» no debe ser considerado para nada una virtud, sino un problema muy grave, efecto del trauma intrafamiliar vivido de pequeños.

Estas actitudes *no confrontativas* nacen de la necesidad del niño de sobrevivir agradando al progenitor agresor, no enfrentándose a él.

Al no poder huir, y frente al peligro constante y habitual, el niño aprende a ser «simpático» y a complacer y agradar a sus progenitores tóxicos.

Al quedar bloqueados por el sistema de apego humano los mecanismos de *huida* (no hay dónde ir) y de *confrontación* (el niño no puede enfrentarse con éxito al abusador adulto), se desarrolla una respuesta adaptativa de *aclimatación* y *congelación* consistente en nunca contrariar ni decir que no. Por lo que el niño traumatizado pagará un precio enorme en la vida adulta.

En efecto, los agradadores compulsivos no señalan límites a los demás ni ponen coto a sus demandas por muy injustas o abusivas que estas sean.

Se comprometen en cosas que no desean hacer o que van en contra de sus intereses. Desvelan secretos o información de sí mismos que no deberían revelar a otros, o terminan embarcados en todo tipo de compromisos que no les benefician.

Terminan embarcándose en actividades peligrosas, nocivas o autodestructivas solamente porque los demás se las han solicitado.

Nunca llevan la contraria a nadie y son incapaces de negarse a nada.

Se aclimatan por defecto a todo lo que se les demanda, pues su imaginación traumatizada los lleva al convencimiento de que negarse puede conducir a lo peor. En estas personas interviene decisivamente la *doma* temprana de las Familias Zero a través de la culpa y la vergüenza.

No someterse a las demandas de los progenitores tóxicos significaba para el niño sufrir la avalancha de la crítica, la invalidación, la denigración y la manipulación.

## 8. Ingenuos, bonachones, crédulos (identificación compulsiva con los demás)

Estas personalidades naíf, crédulas, ingenuas y bonachonas no son en absoluto naturales, sino el producto del trauma intrafamiliar. Se caracterizan por haber perdido todo sentido de la realidad relacional y ser sencillamente incapaces de ver o percibir el mal o las malas intenciones en los demás.

«Todo el mundo es bueno. El mal no existe. Si le das una oportunidad al otro, este siempre se portará bien contigo».

El trauma intrafamiliar extremo vivenciado en el seno de sus Familias Zero las ha llevado a abandonar toda militancia a favor de sí mismas, identificándose compulsiva y erróneamente con sus abusadores (*skandalon*) y con sus pretensiones de abusar de ellas.

Sienten una simpatía instantánea por los demás y una credulidad por defecto en sus intenciones, sean cuales sean.

Su incapacidad de ver los procesos de intención, el odio o el intento de manipulación no es el efecto de la estupidez o la escasez intelectual, sino de un bloqueo emocional o afectivo procedente del trauma intrafamiliar.

Su disposición previa y absoluta a creer en todo tipo de mentiras y cuentos chinos y de ser vulnerables a todo tipo de historias tristes que inducen a la compasión las lleva a ser «carne de cañón» de todo tipo de psicópatas y manipuladores en la vida adulta.

Su crédito de intención es total y universal, dejándolas inermes frente a las peores actuaciones abusivas de otros en la vida adulta.

Aunque puedan ser capaces de identificar las mentiras de la seducción y la incoherencia del relato de los manipuladores, se muestran inermes.

Malos negociadores, y pésimos abogados de sí mismos, tienden a ceder ante los demás a las primeras de cambio, sin defender sus posiciones o intereses. Su ingenuidad y bonachonería les conduce a constantes pérdidas y al caos creciente en sus vidas.

Suelen ser víctimas de todo tipo de estafas piramidales, timos o inversiones ruinosas y catastróficas que les conducen a la ruina económica. Están en el punto de mira de todos los grupos sectarios que apuestan por seducir y enganchar a estos seres ingenuos y crédulos mediante las más burdas promesas de redención y seducción.

La ingenuidad les hace más proclives a padecer los estragos de la disonancia cognitiva que inducen las personalidades psicopáticas en sus víctimas a fuerza de unas actuaciones que no cuadran ni casan con su locuacidad encantadora, su desparpajo o autopropaganda narcisista.

El no poder creer en la maldad, perdonar siempre por defecto, no dar pábulo al mal y ofrecer constantes «segundas oportunidades» a los peores abusadores les garantiza una vida de sufrimientos, a no ser que promedie un proceso radical de psicoterapia que les ayude a identificar y escapar a este patrón tóxico y erróneo que dejó en sus vidas el trauma de una Familia Zero.

## 9. Negadores (negación, separación o distorsión compulsiva de la realidad)

El niño sobrevive a base de *no ver* el abuso como abuso.

Su estrategia en este caso para sobrevivir pasa por simular que no ocurre nada. Las excusas, la racionalización, la trivialización y otros mecanismos de defensa se combinan para encajar cada vez más abusos intrafamiliares en el seno de todas las Familias Zero.

Esta ceguera procede de la esperanza de que las mentiras del progenitor abusivo y manipulador sean ciertas (quién te va a querer más que tu mamá, o tu papá) y del potente mecanismo del sistema de apego humano que hace todo lo posible, saltando incluso por encima de la mismísima realidad de los hechos, para producir el tan necesario vínculo del niño con sus progenitores.

Ya en su vida adulta, el niño que fue traumatizado por una Familia Zero ignorará los peligros y los abusos más obvios, quedando con facilidad seducido por la promesa de redención que manejan a la perfección todo tipo de abusadores.

No será extraño encontrarlo en la vida adulta subyugado y a la merced de todo tipo de psicópatas y narcisistas malignos, diestros en el arte de la seducción y el enganche de estos antiguos «niños perdidos».

La disonancia cognitiva que ya les afectó de niños abre una brecha en su funcionamiento adulto, volviendo a manifestarse cuando aparecen de nuevo otros abusadores.

## 10. Contratadores compulsivos de nuevos abusos (reenactuación del trauma)

El niño escandalizado por la desatención, la negligencia, el descuido, el abuso o el abandono de sus progenitores queda fijado o congelado por el obstáculo (*skandalon*) que significa el abuso de la Familia Zero. Permanece anclado y congelado en el tiempo en un eterno deseo frustrado que no alcanza satisfacción.

La víctima que reproduce los mismos o similares escenarios de abuso NO es una masoquista, en busca de gozar de nuevo del placer de ser destruida.

Tal versión de los hechos es muy habitual, pero ignora la Psicología del Trauma y su mecanismo central de repetición: la reenactuación del trauma.

Por su propia naturaleza, las neuronas espejo producen el eco de repetición del intento fallido de satisfacción del deseo a lo largo del resto de la vida del niño. Esta repetición de escenarios, que la víctima siempre vive inconscientemente, busca *masterizar* o dominar el resultado o *output* de lo que ocurrió, intentando cambiar el final.

Es como revivir una película en una moviola, intentando modificar la historia y darle un final feliz.

Tal cosa no es posible, y las víctimas quedan encerradas en un «día de la marmota», en el que repiten una y otra vez tanto los escenarios traumáticos de origen como los catastróficos resultados habituales.

Sin saberlo, el niño traumatizado, hoy adulto, busca las amistades más peligrosas, los socios más inadecuados o las parejas más emocionalmente indisponibles, desleales o traicioneras, para volver a experimentar una vez más el trauma, pero intentando salir airoso esta vez. El resultado es catastrófico.

Para que funcione una relación, según ellos, deberá estar configurada de modo parecido al escenario de abuso y traición original.

El deseo de apego queda fijado o congelado solamente en un tipo de personas: aquellas cuyas características le recuerdan a la madre tóxica o al padre tóxico de origen.

Persigue una misión imposible, esto es, apegarse a personas inasequibles, frías, emocionalmente indisponibles, abandónicas, desleales o perversas a imagen y semejanza de las que produjeron la frustración inicial en su infancia.

Como «contratador de fracasos», es víctima del trance de la misión imposible. Persistirá en ese pervertido patrón relacional en su vida adulta contratando sistemáticamente el maltrato, el abuso, la traición y el abandono.

Usará tres estrategias inconscientes para conseguir sus fines:

1. Arruinará deliberadamente aquello que funciona en sus
   relaciones para inducir el fracaso, el abandono o el alejamiento de los demás.
2. Tenderá a seleccionar a los compañeros más inadecuados para que lo maltraten, humillen, abusen, traicionen
   del mismo modo que lo hicieron sus progenitores.
3. Ignorará sistemáticamente las señales de peligro, apagan-
   do sus sistemas de alerta temprana, obviando los signos
   que pudieran avisarle a tiempo de la nocividad o toxicidad de esas personas.

# 23

# LA CONSCIENCIA DEL TRAUMA DE LA FAMILIA ZERO. LA DESENSIBILIZACIÓN DE LA PENA Y LA TRISTEZA

Los patrones compulsivos comenzaron muy pronto en la vida de los niños procedentes de las Familias Zero como estrategias de supervivencia (soluciones al trauma).

Lo cierto es que permitieron a esos niños traumatizados adaptarse y sobrevivir a los entornos caóticos, violentos, abandónicos o impredecibles de ese tipo de familias. En ese sentido, funcionaron *correctamente* en la medida que permitieron la supervivencia del niño traumatizado por el trauma básico de traición vivido en su familia de origen a manos de progenitores inhábiles o peligrosos.

El problema es que con el tiempo esos patrones de conducta se volvieron nocivos, ya que encarcelaron al adulto en los ciclos repetidos desadaptativos (bloqueos) con comportamientos disfuncionales y dolorosos de los que es necesario liberarlos.

Reconstruir el camino original al trauma de la Familia Zero de origen constituye un avance considerable en la recuperación de las víctimas, y un gran *insight* psíquico.

Las soluciones disfuncionales que el adulto ensaya hoy al trauma infantil de ayer no pueden funcionar jamás. Debe sustituirlas. Y para ello es imprescindible que tome consciencia de ellas desde la aceptación de una verdad dolorosa.

Es muy esperable que al detener estas estrategias ya antiguas, y que han acompañado desde su infancia al adulto que acude a consulta, aparezcan reacciones y abreacciones variadas.

Son buena señal de la «descongelación» del trauma. No deben impedir que el trabajo psicoterapéutico prosiga adelante.

Es muy probable que:

- Regresen los recuerdos de los abusos, manipulaciones, violencias, abandonos infantiles que estaban reprimidos y quedaron sepultados tras el velo de la amnesia o la congelación del síntoma psicosomático.
- Se produzcan intensas reacciones emocionales en forma de abreacciones o fuertes estallidos emocionales. La abreacción, cuando es una reacción espontánea, no es negativa sino catártica. El problema es cuando algunos terapeutas inexpertos la fomentan o facilitan creyendo equivocadamente que cuanto más abreacción mayor liberación del trauma. Contra esta perniciosa práctica, hay que recordar que lo contrario a la abreacción es la intensa memoria y el permitir que el recuerdo fluya desacoplándolo de la memoria emocional anexa o engranada en él. A ello puede servir enormemente el trabajo con la técnica EMDR, técnica siempre de referencia para la desensibilización del trauma.
- Se complete la información parcial o incompleta respecto de los abusos y lo que ocurrió en el pasado. El objetivo no es realizar una terapia de memorias traumáticas, pues no tiene sentido establecer un juicio de veracidad. Mantener la denominada «neutralidad terapéutica» respecto a la veracidad o no de las memorias de los abusos en las Familias Zero resulta esencial y evita todo tipo de malas praxis y revictimizaciones.
- Se reconecten los aspectos continuistas de los patrones de abusos con las conductas inadaptativas del adulto de hoy.
- Se evalúe el coste psicológico y emocional que tiene para el adulto mantener esas estrategias activas hoy en

día como inasumible y, por lo tanto, que el sujeto tome una decisión.

No es nada fácil hacer aceptar la existencia de un vínculo traumático de traición a una persona que ha sufrido una Familia Zero.

Intervienen la negación, la disonancia cognitiva y la presión social de un entorno y una sociedad que tiende a idealizar a la familia, la maternidad o la filiación como los más sagrados vínculos.

Hacerle reconocer a un paciente que su familia de origen no estuvo ahí para él es siempre una tarea dolorosa para la víctima y muy ardua hasta para los más experimentados psicoterapeutas.

Es un requisito de primer orden que el psicólogo que atiende a este tipo de víctimas se halle ya «trabajado» y liberado de sus propios fantasmas familiares traumáticos de origen; de lo contrario, se proyectarán en la psicoterapia sus problemas no resueltos y sus propios mecanismos de disonancia y negación.

El paciente se encuentra sometido a poderosas fuerzas que vive de forma muy dolorosa, pues no hay nada más potente en nuestra psique que la tendencia a apegarnos y nada más poderoso que los mecanismos puestos en marcha por ella para salvar esa indisponibilidad.

¿Qué pasaría si todo esto fuera cierto?

¿Qué diría acerca de mi validez como ser humano?

¿Pude ser yo responsable o culpable del abuso?

¿Hay algo erróneo o equivocado en mi enfoque de estos problemas?

¿Acaso tengo alguna tara genética o caracteriológica?

¿Es normal mi personalidad?

¿Qué pasa con mis relaciones con mi familia de origen si tengo que aceptar que todo esto es cierto?

¿Tengo que taparlo todo? ¿Debo contarlo todo? ¿Debo cuestionar a mis padres o enfrentarme a ellos?

¿Es mejor no remover el pasado?

Los pacientes con el acompañamiento profesional especializado van a elaborar su propio duelo y pasar por sus fases habituales de:

- *Negación*: esto no puede ser cierto, no puede haberme ocurrido a mí.

- *Miedo*: si es verdad, ¿cómo voy a poder enfrentarme a ello?

- *Enfado*: esto no es justo, ¿por qué me ha tenido que pasar a mí?

- *Dolor profundo por la pérdida*: esto es demasiado duro de sobrellevar.

- *Aceptación y derivación de sentido a todo lo que ha ocurrido*: integración de lo sucedido aceptando que el paciente no eligió (en el pasado) ser una víctima (es inocente), pero ahora (en el presente) puede elegir dejar de pagar el precio emocional de haberlo sido.

Los efectos del vínculo traumático de traición creado por las Familias Zero son de diferente tipo y suelen permanecer encubiertos o velados a la consciencia de la víctima. La mayoría de estas consecuencias no están a la vista ni menos aún conectadas en la mente del paciente con sus causas.

Es recomendable ayudar a la víctima para que reflexione acerca de las potenciales consecuencias de diferente tipo que ha tenido el trauma de una Familia Zero en su vida.

A continuación, presentamos para la reflexión algunas típicas secuelas.

*Consecuencias emocionales*:
1. Pensamientos o sentimientos de quitarte de en medio.
2. Intentos de suicidio.
3. Pensamientos o sentimientos de matar a alguien.

4. Sentimientos de desesperación e indefensión.
5. Intentos fallidos de controlar tus relaciones.
6. Sentimiento de tener doble vida: una vida pública y una vida secreta.
7. Depresión, paranoia, sentimientos de estar «mal de la cabeza».
8. Pérdida del contacto con la realidad.
9. Pérdida de la autoestima.
10. Pérdida de objetivos en la vida.
11. Actuaciones contra tus propios intereses u objetivos.
12. Actuaciones contra tus propios valores y creencias.
13. Potentes sentimientos de culpa y vergüenza tóxicos.
14. Potentes sentimientos de aislamiento y soledad.
15. Potentes miedos acerca del futuro.
16. Cansancio emocional.

*Consecuencias físicas*:
1. Continuación de relaciones a pesar del riesgo para tu salud.
2. Severas pérdidas o ganancias de peso corporal.
3. Problemas psicosomáticos: úlceras gástricas, presión arterial alta, etc.
4. Abuso físico, violencia o maltrato por parte de otros.
5. Involucración en actividades o situaciones altamente peligrosas.
6. Accidentes con vehículos (coche, moto, bicicleta, etc.) y otros.
7. Daños físicos como resultado de tus relaciones.
8. Problemas de sueño (insomnio, exceso de sueño, despertar temprano).
9. Cansancio físico.
10. Otras consecuencias físicas relacionadas con tu conducta sexual (ETS, VIH).

*Consecuencias espirituales*:
1. Sentimientos de vacío o alienación espiritual.
2. Sentimientos de desconexión contigo mismo y con el mundo.
3. Sentimientos de abandono por parte de Dios o del Poder Superior.
4. Rabia, ira o furia contra Dios o el Poder Superior.
5. Pérdida de la fe en la espiritualidad.
6. Otras consecuencias espirituales.

*Consecuencias familiares*:
1. Riesgo de perder a la pareja o cónyuge.
2. Pérdida efectiva de la pareja o cónyuge.
3. Aumento de los problemas maritales o de pareja.
4. Puesta en riesgo del bienestar de tu familia.
5. Pérdida del respeto y la consideración de tu pareja o cónyuge.
6. Aumento de los problemas con los hijos.
7. Pérdida de tu familia de origen.
8. Otras consecuencias familiares y de pareja.

*Consecuencias formativas y profesionales*:
1. Pérdida de la productividad en el trabajo.
2. Democión, despido o pérdida de oportunidades de promoción profesionales.
3. Pérdida de la consideración o del respeto de colegas.
4. Pérdida de oportunidades de trabajar en el sector o profesión de tu elección.
5. Malas notas o malos resultados académicos en el colegio.
6. Pérdida de oportunidades educativas, de formación o capacitación.
7. Pérdida de negocios, clientes o socios.
8. Cambios forzosos de actividad profesional o de carrera.

9. No poder trabajar al nivel de tu propia capacidad.
10. Despido del trabajo.
11. Otras consecuencias profesionales o de carrera.

*Otras consecuencias:*
1. Pérdida de importantes amistades.
2. Pérdida de interés en *hobbies* o actividades de ocio.
3. Pocos o ningún amigo a consecuencia de problemas de relación.
4. Problemas financieros.
5. Actividades ilegales, detenciones, arrestos o judiciales.
6. Implicación en acciones, procedimientos penales o judiciales.
7. Demandas e imputaciones judiciales.
8. Prisión, arresto domiciliario o prisión condicional.
9. Robos o delitos menores para mantener la conducta.
10. Otras consecuencias.

A medida que el paciente va repasando estas consecuencias en su vida, es normal que se remuevan sus emociones y que terminen llegándole *flashbacks* y recuerdos dolorosos.

El reconocimiento de estas consecuencias le coloca en la verdad técnica de su inocencia o no merecimiento de tener que haber padecido estas secuelas a lo largo de toda su vida desde pequeño.

La aceptación de esta verdad le permite superar el *acolchamiento* o *embotamiento* emocional que envuelve siempre la emoción más inaceptable y dolorosa de la especie humana por ser la más peligrosa: la tristeza o pena.

Todas las demás emociones, tal y como se ve en la figura de la página siguiente, tienen como función el impedir el acceso a la pena o tristeza que llevaría al individuo a no poder levantarse de la cama, ir al trabajo, alimentarse, defenderse del enemigo, etc.

Es imprescindible llegar a perforar ese enorme yacimiento de tristeza y pena que el paciente arrastra desde su infancia en esa Familia Zero con la ayuda de técnicas terapéuticas eficaces, como EMDR, con el objetivo de que este se vea instantáneamente liberado tanto de la propia tristeza profunda como de las emociones periféricas protectivas que intentan preservar al sujeto de conectarse con ella.

**Modelo concéntrico de las emociones barrera o protectoras que impiden la manifestación de la tristeza**

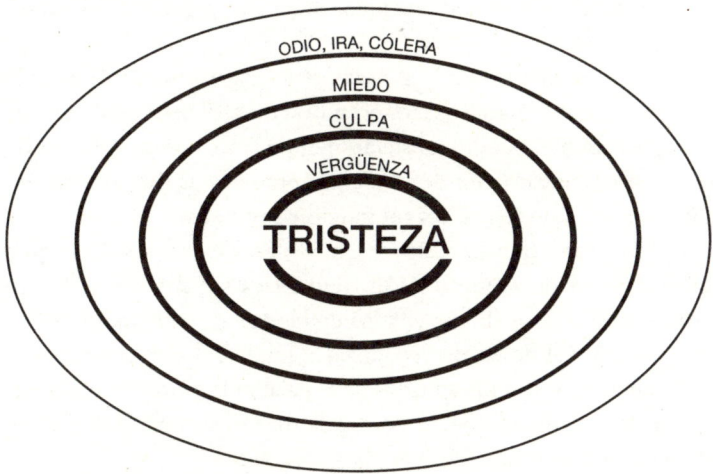

Recorrer el camino desde el odio, la ira y la cólera hacia la profundización en la aceptación de la pena o tristeza por esa infancia perdida y por las secuelas y consecuencias nefastas reiteradas en su vida permite salir adelante a la víctima.

Dicho camino terapéutico hacia la emoción más profunda e interior que es la pena o tristeza puede verse comprometido si el paciente se entretiene en las emociones periféricas y distractivas, a saber: el miedo, la culpa, la vergüenza o la ira.

Estas emociones están a veces grabadas a fuego por los propios abusos recibidos en las Familias Zero y las reglas del terror y de la *omertá* familiar.

El psicoterapeuta experto en trauma no se debe dejar llevar por este espejismo emocional, y debe centrarse en hacer que el paciente se permita experimentar toda la pena o tristeza y vivirla y consumirla por completo.

El procedimiento no es a través de la *abreacción*, que consiste en un puro *acting out* (transformar emociones en conductas), sino todo lo contrario, mediante la desensibilización de esa pena o tristeza profunda a través de una plena atención, consciencia y conexión con ella.

Una vez que se ayuda al paciente a dirigirse y centrarse en la tristeza o pena y la trabaja, conectando con ella, desensibilizándola completamente, puede constatar, maravillado, cómo se libera de ella y simultáneamente de las demás emociones (ira, culpa, vergüenza) que solo tenían un rol funcional protector.

Hacer este trabajo básico y sencillo puede ahorrar al paciente años inútiles de regurgitación traumática sin fin, tan dolorosa como inútil, de los abusos vividos en el seno de su Familia Zero.

El odio, el deseo de venganza, la ira, la culpa y la vergüenza contienen en todos los sentidos de la palabra la emoción más peligrosa para nuestra especie contra la que el sistema psíquico se defiende «como gato panza arriba».

La gradualidad tampoco es necesaria, puesto que el afrontamiento directo de la pena y la tristeza del paciente no requieren, según nuestra experiencia, ir pasando por desensibilizar previamente el resto de emociones protectoras.

Esta labor se parece a un tipo de prospección petrolífera emocional, en que el objetivo no es tanto quedarse en las capas perforadas, sino profundizar y alcanzar cuanto antes el yacimiento de tristeza y pena profundas que inundan a la víctima y complican su vida.

Una vez perforado, el yacimiento libera toda la energía de contención del sistema psíquico de la víctima y esta deja de tener que invertir la mayoría de su energía en defenderse de la tristeza y la pena profunda que la embargan (nunca mejor dicho).

**Modelo concéntrico de las emociones barrera
o protectoras que impiden la manifestación de la tristeza**

# PARTE IV

## PSICOTERAPIA ZERO: LAS SEIS FASES PARA SUPERAR EL TRAUMA DE UNA FAMILIA ZERO

# 24

# ESTABILIZACIÓN. CÓMO DIVORCIARTE DE TU FAMILIA ZERO: LA TÉCNICA DEL CONTACTO CERO

**Las seis fases en la recuperación del trauma
intrafamiliar: la Psicoterapia Zero**

Trabajamos desde la Psicoterapia Zero en seis fases con tres grandes etapas para la superación del trauma intrafamiliar:

*Etapa I:* estabilización, seguridad y psicoeducación.
*Etapa II:* trabajo activo de desensibilización de las memorias traumáticas.
*Etapa III:* reprocesamiento, elaboración del duelo e integración.

No tiene ningún sentido iniciar la recuperación psicoterapéutica y la terapia del trauma si el paciente deprimido, quebrado y devastado emocionalmente sigue siendo retraumatizado por su Familia Zero de origen. Si se quiere tener éxito, hay que garantizar una mínima seguridad básica y la estabilización del paciente.

Una vez conseguidas la seguridad básica y la estabilización, es posible iniciar el tratamiento del Trastorno de Estrés Postraumático (TEPT) y elaborar el duelo.

El tratamiento del TEPT significa erradicar y superar la variedad de síntomas activos del paciente y su tono vital básico de miedo, horror, ansiedad y pánico. Supone enfrentarse a las adicciones de la víctima y otras formas de *acting out* y terminar con el huracán emocional y la inestabilidad.

**Fases de trabajo de la Psicoterapia Zero**

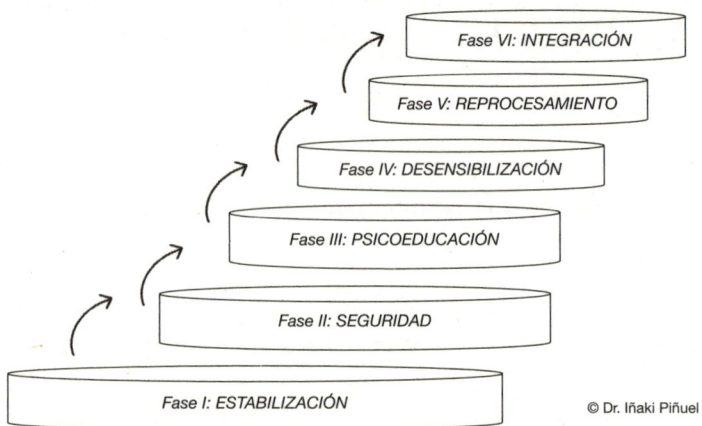

© Dr. Iñaki Piñuel

Una vez estabilizado el paciente, podemos centrarnos en trabajar con él sobre el contenido de las memorias traumáticas para desensibilizarlo mediante EMDR. Se trata de enfrentarse a las cosas malas que ocurrieron en su infancia y que no debieron ocurrir, y también a las cosas buenas que debieron ocurrir y no ocurrieron.

Ello requiere superar la amnesia perversa que lleva a olvidarlo todo para no volverlo a sufrir y desactivar las memorias dolorosas o traumáticas mediante su desensibilización.

A continuación, trabajamos con el paciente en la elaboración del duelo por la pérdida, el abandono o la indisponibilidad de unos padres que no estuvieron a la altura o que causaron, por acción o por negligencia culposa, el dolor y el trauma en el *niño perdido*.

Se trata de ayudar al paciente a elaborar el duelo por la pérdida de unos progenitores que nunca tuvo. El paciente debe salvar dicha indisponibilidad parental, aceptando la cruda realidad de unos padres funcionales que nunca estuvieron para él, aceptándose a pesar de ello y no culpándose a sí mismo debido a ello.

Esos progenitores que el paciente *nunca tuvo* fueron unos padres consistentes, coherentes, afectuosos, así como razonablemente equilibrados y mentalmente sanos, que proporcionaron al niño la seguridad y estabilidad básica y que fijaron límites cuando este los necesitó.

En el proceso de psicoterapia debe ser confrontada la *Gestalt* total de una infancia dolorosa y traumática, y no simplemente este o aquel suceso traumático o doloroso.

Una vez el paciente elabora ese duelo y acepta el dolor por una infancia feliz perdida que nunca existió, se encuentra preparado para pasar adelante, superar el trauma, integrarlo y seguir con su propia vida.

## La familia zero y la psicopatía integrada: el contacto cero como exigencia

Salir adelante del trauma creado por una Familia Zero requiere con frecuencia *divorciarse* de los correspondientes «progenitores zero» que no estuvieron a la altura y que aún hoy, años o décadas después, con sus errores o su pertinaz mala fe siguen causando estragos.

Muchos de ellos presentan lo que denominamos personalidades psicopáticas integradas en alguna de las modalidades de la famosa tríada oscura: narcisismo maligno, maquiavelismo y autopromoción aberrante.

Después de muchos años trabajando con las víctimas de los peores abusadores psicopáticos, estoy convencido de que con la inmensa mayoría no cabe intentar solucionar nada, sino que conviene preservarse de ellos.

Querer hacerle la cirugía estética al cocodrilo solo lleva a que quien lo intente se lleve una buena dentellada. Es el caso de la mayor parte de los bienintencionados, pero inútiles intentos, de hacer cambios en las personalidades psicopáticas.

La recomendación terapéutica más importante sigue siendo la misma: si tienes a un psicópata en tu vida, no te detengas, ¡corre!

Eso también rige cuando el psicópata integrado pertenece a tu propia familia o incluso es uno de tus progenitores biológicos.

Esto no es tan sencillo de hacer para una víctima del abuso psicopático familiar, pues opera en su contra toda la programación biológica y social que compele a cada ser humano a apegarse e integrarse como sea y cueste lo que cueste dentro de la familia biológica a la que uno pertenece.

Después de sufrir una relación con un psicópata integrado, una regla se impone a todos los que trabajamos con sus víctimas: la regla del Contacto Cero.

Esta regla no admite ningún tipo de excepción.

No es posible salir adelante de un trauma relacional complejo, como es la relación con un psicópata, mientras la víctima sigue sometida a una retraumatización constante.

Lo saben quienes han tenido un padre o madre psicópata y solo después de muchos años de sufrimiento y retraumatización constante se han podido alejar de ellos.

La ingenuidad de una persona normal la lleva a creer que la psicopatía cede o remite con la edad y que los psicópatas integrados dejan de serlo cuando se vuelven mayores o tornan en inofensivos viejecitos.

Para nada es así. Un psicópata integrado cuando es viejo no es más que un psicópata integrado «añoso», generalmente envilecido por años y años de práctica y refinamiento de su perversa tecnología de destrucción.

He recomendado en mi canal YouTube, y a numerosos de mis pacientes victimizados por psicópatas de la tercera edad, que no dejen de ver la película francesa *Tatie Danielle* (*Qué hacemos con la abuela*), del genial Étienne Chatiliez. Se trata de un ejemplo de manual de lo que son capaces de hacer los viejecitos psicópatas integrados contra los miembros de sus familias cuando se ocultan detrás de la máscara de la venerabilidad aparente de la vejez.

Con independencia del grado de daño que pueda haberte hecho la relación con un progenitor psicopatizado o pervertido por un narcisismo maligno y recalcitrante, una cosa es segura: tu contacto ulterior con él no hará más que agravar tu daño y hacerte volver cada vez a la casilla de salida en la recuperación de tu duelo mediante todo tipo de actuaciones perversas y manipuladoras contra ti.

Se impone el Contacto Cero.

En los casos en que no te veas con fuerzas para seguir radicalmente este consejo salvífico que sabiamente recomiendan todos los que conocen algo de psicopatía integrada en el mundo, deberías tratar de minimizar al máximo toda relación y todo contacto con progenitores, hermanos u otros familiares psicopatizados.

## No es odio, sino autopreservación

El Contacto Cero no es en absoluto una medida de castigo o venganza.

No requiere del odio ni del resentimiento de la víctima.

Nace del amor a uno mismo y del absoluto compromiso contigo mismo de ponerte a salvo y resguardarte de nuevos sufrimientos.

Debe significar para ti adoptar una firme decisión de preservarte de una vez y para siempre de toda posible retraumatización y

de sus intentos de manipularte mediante juegos de piedad, culpabilización u otras estratagemas que seguirán ensayando tan pronto
estés «a tiro».

Eso quiere decir bloquear toda comunicación con tu progenitor o familiares psicopatizados, reduciendo al máximo el contacto con ellos o eliminándolo por completo:

- Celebraciones o reuniones familiares.
- Comidas, cumpleaños o festividades entrañables.
- Contactos telefónicos tanto por iniciativa propia o de
  otros.

Debes entender que todo contacto por mínimo que sea no
puede más que dañarte en un grado más o menos importante y
reactivar viejos trances o reacciones que intentas que desaparezcan
de tu vida.

Trabajar personal y psicológicamente el trauma del abuso y el
vínculo traumático de traición requiere salir de las 10 habituales
racionalizaciones que operan cuando se trata de miembros psicopatizados de la propia familia.

---

### SILENCIO Y REFLEXIÓN PARA TU RECUPERACIÓN
#### Diez puntos débiles básicos frente a los psicópatas integrados en la familia

1. No queremos creer que existen personas como los psicópatas
   integrados dentro de nuestra propia familia.
2. Tenemos una incapacidad manifiesta para enfrentar el engaño, la manipulación y la violencia cuando procede de
   nuestra propia familia.
3. Tenemos la idea de que podemos cambiar a cualquiera solo
   con empeñarnos en ello.

4. Reaccionamos con culpa e indefensión en lugar de hacer frente a sus estrategias de manipulación.

5. Tenemos problemas de autoestima y no confiamos en nuestras posibilidades.

6. Tenemos ideas equivocadas de lo que podemos esperar de un familiar psicopatizado.

7. Desoímos las alertas y nuestra intuición cuando se trata de agresores de nuestra propia familia.

8. Abandonamos la sensatez y el buen juicio a cambio de todo tipo de disculpas y racionalizaciones cuando el psicópata es un familiar.

9. Tendemos a pensar que todo el mundo es bueno, y más aún los miembros de nuestra familia.

10. Creemos que pensar mal o desconfiar de un familiar es especialmente perverso y desatendemos lo que hace, queriendo creer más en lo que dice.

(Elaboración propia a partir del trabajo de José M. Pozueco y Vicente Garrido)[*]

La confusión, la disonancia cognitiva, la alteración emocional, la depresión, el vacío y la inseguridad personal son los efectos de mantener contacto por cualquier vía con los psicópatas integrados, incluidos los de la propia Familia Zero.

La técnica del Contacto Cero ayuda a la recuperación exponencial de las relaciones con manipuladores y gente tóxica en general en la medida que cuanto más tiempo pases sin contacto con ellos, mayor será tu recuperación emocional.

---

[*] José M. Pozueco y Vicente Garrido, *Psicópatas integrados. Perfil psicológico y personalidad*, EOS, Madrid, 2010.

## SILENCIO Y REFLEXIÓN PARA TU RECUPERACIÓN
### Estrategias de Contacto Cero con tu ex psicópata
(tomado de mi libro *Amor Zero.*
*Cómo sobrevivir a las relaciones con psicópatas*)

1. Clausura y cierra todas las vías de comunicación del psicópata hacia ti. Ello incluye el bloqueo de teléfonos, *mails*, chats, Facebook, WhatsApp, y de cualquier otro método por el que el psicópata pueda acceder a la conexión contigo.

2. Elude los sitios comunes, los posibles encuentros casuales o fortuitos, las coincidencias, los lugares en los que podáis encontraros «por causalidad».

3. Evita las amistades comunes o hablar con conocidos de ambos sobre lo que hace o deja de hacer. Evita dar explicaciones sobre por qué haces lo que haces. Tienes derecho a preservar tu integridad psicológica sin dar explicaciones a nadie.

4. Evita la tentación habitual de alertar a sus nuevas víctimas o de contactar con ellas para avisarlas o advertirlas del peligro. Corres el riesgo de que te tomen por una persona loca o desestabilizada.

5. Líbrate de todo, *sí, de todo objeto* que pueda recordarte tu relación con tu ex psicópata. Renuncia a los álbumes de fotos, borra las fotos comunes de tu móvil, de tu ordenador, borra todos sus *e-mails*, sus cartas de amor, la música, etc., *todo* aquello que te recuerde esa relación tóxica debe ser eliminado.

6. Líbrate de modo muy especial de todos los objetos que te puedan recordar emocionalmente o afectivamente esa relación.

7. Recuerda que, al fin y al cabo, eso no fue nada verdadero. No dudes en tirar a la basura o regalar dichos objetos.

8. No dudes en librarte de los regalos que te pudo haber hecho en las fases de seducción en que aparentemente «todo iba bien», recordando que solo fueron parte de sus estrategias para lanzar el anzuelo y «pescarte» más fácilmente.

9. Recuerda que aquello no fue amor sino manipulación, y que esos objetos reactivan traumáticamente tus vínculos con alguien que solo pretendía aprovecharse de ti, abusar y manipularte para sus oscuros fines.

10.  No fue una relación de amor real sino una apariencia de amor, una simulación muy bien orquestada al servicio de tu destrucción.

11.  No había cariño, sino intencionalidad perversa de parasitarte. Todos los recordatorios físicos de esa porquería de relación deben desaparecer de tu vida ya mismo.

12.  Cuando llegue de nuevo el momento, tu psicópata querrá violar la regla que has establecido de no contacto. A los psicópatas les resulta irresistible todo lo que supone prohibiciones, retos o franquear límites. Llegado ese momento no caigas en la trampa ni muerdas ese anzuelo. Sus constantes intentos de restablecer contacto pueden variar desde el tono más cariñoso, meloso, sensual hasta la amenaza, el chantaje o el odio… Nada de ello es verdad. Solo se trata una vez más de ganar. Ten mucho cuidado con las promesas de cambio, la propuesta de seguir desde la amistad la relación o la de seguir colaborando profesionalmente. Recuerda que lo que echa de menos no es a ti sino su dominio y total control sobre ti… No quiere a la persona que hay en ti, necesita restablecer el control que le dé la sensación de ser ganador en la relación. No se lo permitas. Sus sentimientos de pena, tristeza, abandono o pérdida solo encubren el deseo de volver a tener la sartén por el mango. Tiene terror a haber perdido definitivamente la partida del control sobre ti y sobre tu vida.

13.  Ten mucho cuidado con el alcohol y otras sustancias que pueden alterar tus emociones y comportamientos. Recuerda que toda pérdida de control por tu parte en forma de llamadas, mensajes fuera de tono, recriminaciones, insultos, etc., lo tomará como una prueba de tu desequilibrio e inmadurez psicológica y lo utilizará para validar ante terceras personas su campaña de desprestigio sobre ti. No es el momento de tu destrucción sino de tu recuperación. El alcohol y las drogas la comprometen y retrasan severamente.

14.  Vuelve a conectar con las personas que formaban parte de tu vida. Es el momento de reforzar el vínculo con tus familiares, con los amigos verdaderos, y de hacerte ayudar por ellos.

15.  Tu consejo de sabios resulta esencial en esta tarea, así como recurrir, si lo requieres, a un psicólogo debidamente capacitado

→

y experimentado en trauma relacional, abuso emocional y
en vínculos traumáticos. No es el momento de encerrarte, sino el de buscar apoyo y ayuda. No tengas miedo de expresar tu vulnerabilidad actual ante las personas adecuadas.

16. Elude a los amigos de Job, es decir, a aquellas personas que buscan consciente o inconscientemente inculparte y hacerte profundizar en tu indefensión psicológica. Lo que menos necesitas son personas que ahonden en la mentira y el mito de que la
víctima es siempre culpable. Tú no eres culpable. No has hecho
nada malo. Ser una buena persona o ser ingenuo no es un problema más que cuando te encuentras o cruzas con un psicópata. Recuerda lo básico en el trauma de abuso, acoso y maltrato:
la víctima es siempre inocente. Nada hay que justificar su destrucción o abuso a manos de alguien con intenciones aviesas
como es el psicópata.

17. No se te ocurra hacer lo que tantas víctimas hacen mentalmente. Quedar con el psicópata para cantarle las cuarenta, ajustarle las cuentas, insultarle o decirle que has descubierto que
es un psicópata y que sabes que miente, ha abusado de ti, te ha
manipulado y te ha depredado. Sencillamente, al psicópata le
da lo mismo. Lo sabe y le resbala… Tu dolor le da igual. Lo importante es ganar la partida sobre ti.

18. En el caso de ser económicamente dependiente o de no tener adónde ir para escapar de tu psicópata, no dudes en solicitar ayuda a tus amigos, familiares o seres queridos. Múdate una
temporada con algún familiar o amigo hasta que se pase el tirón emocional del principio de la ruptura. Recuerda que existen los pisos de acogida para personas maltratadas.

19. En el caso de trabajar con tu ex psicópata, recuerda que existen
modos de minimizar al máximo el contacto con ellos, y evitar
sus manipulaciones y chantajes. En caso de necesidad no dudes
en solicitar consejo legal, pues muchas de sus coacciones o manipulaciones pueden resultar ser delitos.

20. Recuerda que cualquier contacto con un ex psicópata te vuelve a colocar en la casilla cero de tu recuperación emocional.

# 25

# SEGURIDAD. CÓMO CREAR TU LUGAR SEGURO INTERNO. LA RE-PARENTIZACIÓN Y LA ADOPCIÓN DE TI MISMO

**Del abandono familiar al niño interior huérfano y abandonado**

Antes de comenzar el trabajo terapéutico en sí mismo, es imprescindible calmar al niño interior asustado y abandonado que se encuentra en la mayoría de las víctimas de las Familias Zero.

La orfandad real requiere de un progenitor que no estuvo y que generó dentro del niño interior necesidades no cubiertas de:

- Apoyo.
- Respeto y aceptación.
- Validación.
- Cariño, contacto y amor incondicional.
- Consistencia.
- Seguridad.

La carencia de seguridad y cuidado reales de tu historial como miembro de una Familia Zero terminaron generando en ti una simétrica actitud hacia ti mismo, actitud que replica ese descuido y lo proyecta desde dentro, lo que genera interiormente diferentes *partes disociativas* del sistema traumatizado: por un lado, un niño interior huérfano y abandonado y, por otro, unos padres internalizados abusivos, críticos o abandónicos.

¿Quién calmará a ese niño abandonado?

La estrategia terapéutica consiste en crear dentro del paciente lugares internos de seguridad en los que el niño interior abandonado pueda encontrar la total experiencia de seguridad para evitar tener que buscarla fuera a cambio de precios exorbitantes o de una frustración sin final.

## La creación de un lugar interno seguro

La psicoterapia del trauma refuerza siempre en los pacientes más traumatizados la necesidad de sentir un lugar de refugio y un puerto seguro dentro de uno mismo.

Los lugares seguros internos pueden calmar y asegurar las partes traumatizadas del paciente, lo que reduce el impacto y la necesidad de las adicciones y de las acciones de castigo de las partes internas que reproducen a los progenitores tóxicos.

Desarrollar estos lugares internos de seguridad requiere desactivar y transformar el panorama interior existente en la víctima y reconstruirlo sobre nuevas bases más sanas. Ello se consigue gracias a las capacidades disociativas y de la imaginación que suelen tener muchos de los pacientes más traumatizados por sus Familias Zero de origen.

A menudo estos territorios internos de seguridad desaparecen cuando ya no se necesitan tras la integración y el trabajo terapéutico con las partes disociadas del sistema y de la personalidad de la víctima.

El recurso a la imaginación guiada, la PNL (Programación Neurolingüística) o la relajación progresiva del paciente son técnicas esenciales para crear el espacio interno seguro.

Asimismo, las variantes de la técnica EMDR que más utilizamos en el trabajo con este tipo de víctimas incorporan como primer paso la creación de este espacio seguro interno con la ayuda de la imaginación del paciente.

La meditación, la práctica de la oración o de contemplación, el silencio interior o la *mindfulness* también son recursos que cualquier paciente puede aprender con facilidad a desplegar de cara a su recuperación.

## Tu orfandad interior requiere de padres adoptivos interiores: tus nuevos padres internalizados no tóxicos

Con la ayuda de estas técnicas se pueden también crear nuevos progenitores internos no tóxicos, que son la alternativa a los progenitores críticos internalizados que suelen presentar habitualmente las víctimas de las Familias Zero más abusivas o negligentes.

Lo que el paciente se dice a sí mismo (incluyendo a veces los mandatos o voces internas en los más traumatizados y disociados) es el resultado de un proceso de representación interna de aquellos padres que le hicieron daño.

Forjar la imagen interna de padres y madres amorosos e incondicionales ayuda a desterrar las partes críticas del sistema disociativo generado por el trauma.

Una vez creada la imagen interiorizada de tus padres buenos es posible que estos adopten a tu niño interior, es decir, al huérfano que llevas dentro desde el momento en que no recibiste el cuidado necesario de tus verdaderos progenitores biológicos. Este proceso es una adopción interior en toda regla por parte de una madre buena y de un padre protector.

Tu ansiedad y tu miedo se verán erradicados en la medida en que tu niño interior sienta la confianza y la disponibilidad de tus nuevas figuras internalizadas de apego.

## Tu nuevo sistema de apego internalizado

El resultado psicológico y emocional de tu nuevo sistema internalizado de apego será que experimentarás por vez primera una
seguridad interna a prueba de toda circunstancia o avatar externo.

Estos buenos padres internalizados te permiten cubrir a partir
de ahora las cuatro funciones básicas que requiere tu sistema de
apego para funcionar correctamente, a saber:

- Tu necesidad de *contacto*: descubrirás que puedes hacerte compañía a ti mismo frente a la experiencia desola-
dora anterior de abandonarte y desertar de tu niño interior. Nunca más temerás la soledad, pues habrás
descubierto que mediante esa compañía interna siempre
puedes acompañarte a ti mismo y podrás descartar la
necesidad de contacto exterior como superflua y no
esencial.

- Tu necesidad de *proximidad*: tendrás siempre a disposición, muy cerca de ti, en tu interior, una fuente siempre presente y activa de consuelo desde la que podrás
explorar con seguridad el mundo y adentrarte en lo
desconocido.

- Tu necesidad de una *base segura*: podrás contar siempre
en caso de necesidad con tu propio apoyo y tu propia
actitud incondicional hacia ti mismo sin temer nunca
más abandonos o traiciones.

- Tu necesidad de *refugio seguro*: tendrás siempre de tu parte un abogado y consolador internalizado cuando te
sientas deficitario, equivocado, inadecuado o culpable
para rehabilitar tu inocencia como base de una energía
y dinamismo vital renovados para atreverte con el mundo exterior.

# 26

# PSICOEDUCACIÓN. ENTENDER EL TRASTORNO DE ESTRÉS POSTRAUMÁTICO Y LOS CAMBIOS EN TU PERSONALIDAD

**Los indicadores clave para saber si sufres estrés postraumático**

A continuación, veremos los grupos de síntomas que suelen presentar las víctimas que sufren del TEPT.

1. *Sensación continua de amenaza*

Vivencia de amenaza continuada consistente en:

- La pérdida de tu familia.
- La ruina de tu carrera profesional.
- La pérdida de tu propia salud.
- La pérdida del sustento económico.
- La pérdida de la relación matrimonial.

2. *Depresión reactiva*

Se trata de una reacción de depresión que tiene su origen en agresiones externas. La sensación de depresión lleva a la víctima a frecuentes pensamientos suicidas, intentos de suicidio o incluso al suicidio consumado. Se suele evaluar a menudo de manera incorrecta una depresión en las víctimas del trauma. En estos casos la depresión existe, pero es el efecto de un tipo de abusos y negligencia frente a las cuales la víctima desarrolla indefensión.

### 3. *Inconsciencia o ingenuidad*

La víctima no suele ser consciente de los abusos y las negligencias y los niega o los olvida por completo. Si en algún momento toma conciencia de los mismos, no suele admitir fácilmente que la fuente de sus males se encuentra en sus progenitores o en miembros de su familia que actuaron hostilmente contra ella.

La víctima se siente aturdida, desconcertada, confusa y, finalmente, aterrorizada.

### 4. *Invasión de visualizaciones recurrentes o* flashbacks

Experimenta de manera regular la invasión de visualizaciones y recuerdos de los abusos padecidos. Se producen en forma de escenas que se ven, se escuchan o se sienten de manera atroz y dolorosa, despertándose sentimientos de dolor, culpa y angustia. Las víctimas suelen encontrarse soñando despiertas, visualizando y reviviendo dichas escenas una y otra vez.

### 5. *Vivencia de terror*

Reacciones de angustia, miedo, terror, ansiedad crónica e incluso ataques de pánico a consecuencia de cualquier asociación consciente o inconsciente con las condiciones del abuso.

Se producen ataques de pánico, palpitaciones, temblores, sudoración, escalofríos.

La víctima evita de modo constante decir o hacer cualquier cosa que le recuerde el horror del abuso que sufrió.

6. *Dificultades o imposibilidad de emprender una vida social normal y pérdida de relaciones familiares y sociales significativas*

La vida social queda restringida al máximo. La necesidad de ganarse la vida, combinada con la incapacitación psicológica y emocional de relacionarse socialmente hacen aún más profundo el daño social. Se pierden o desaparecen los vínculos sociales básicos y las relaciones de amistad o familiares.

7. *Deterioro y embotamiento intelectual y problemas de memoria*

Deterioro de la capacidad de pensar claramente. Fallos en la memoria con la incapacidad para recordar detalles que previamente no revestían dificultad para la víctima.

Resulta afectada en especial la memoria a corto plazo. No se recuerda dónde se aparcó el automóvil, dónde se archivaron unos documentos, el argumento de lo que acaba de leer.

8. *Pérdida de la capacidad de atención y de concentración*

La capacidad de concentración se ve afectada de tal manera que impide a la víctima de modo efectivo prestar atención o concentrarse en una tarea. Suele afectar en especial a su capacidad de trabajar o de ejecutar tareas con atención a los detalles.

## 9. *Focalización y obsesión*

La víctima se focaliza en el trauma que sufre, con exclusión y eclipsamiento de todas las demás esferas vitales de su persona. El trauma pasa a ser el tema en torno al cual gira toda su vida. Las obsesiones pueden llegar a ser continuas. Todas las demás áreas de interés que la víctima tenía anteriormente pasan a un segundo plano. Pueden aparecer rituales obsesivos y comportamientos compulsivos como forma de sentir seguridad y atenuar los *flashbacks*.

## 10. *Aislamiento social y profesional*

Aislamiento, retirada e introversión. La víctima prefiere estar aislada, sola, y evita el contacto social. Las situaciones sociales le resultan penosas por tener que «aguantar el tipo» y no poder contener muchas de las manifestaciones de la ira, la depresión o la ansiedad.

## 11. *Anhedonia. Incapacidad o dificultades para obtener placer o experimentar alegría*

Ya no puede disfrutar de las cosas o situaciones de las que anteriormente disfrutaba. Nada le llena y nada le produce alegría. Pérdida generalizada de la mayoría de los reforzadores.

## 12. *Insensibilidad o despersonalización*

Amortiguamiento de la afectividad hacia las personas y despersonalización en las relaciones. Sensación robótica o de irrealidad. Embotamiento emocional.

13. *Abandono profesional*

Tendencia a abandonar el propio trabajo, la dedicación o la profesión. Muchas víctimas abandonan sus carreras profesionales. Dimiten, solicitan la baja, la excedencia indefinida o la jubilación anticipada porque sienten que no pueden más.

14. *Insomnio retrógrado y agotamiento mental*

Despertar temprano entre las tres y las cinco de la madrugada. Sueño angustioso no reparador. Al levantarse, la víctima se encuentra, según sus palabras, *más cansada que al acostarse*. Los sentimientos depresivos empeoran por las mañanas, con la sensación de que la jornada se le echa encima como algo insoportable. Agotamiento mental que no cede con el descanso.

15. *Ira, irritabilidad e hipersensibilidad a la crítica*

La víctima está permanentemente irritada y explota por las cosas más nimias o los acontecimientos más irrelevantes.

Se vuelve hipersensible a cualquier crítica, a los retrasos o contratiempos más leves. Se pueden producir ataques de ira desencadenados por nimiedades o estímulos irrelevantes.

16. *Hipervigilancia*

Desconfianza absoluta hacia los demás. Vivencias pseudoparanoides y autorreferenciales. Reacciones de evitación, lucha o escape. El sistema psíquico se encuentra en modo de alerta como un radar, en modo defensivo permanente ante el menor estímulo ambiguo interpretándolo como nocivo o amenazador.

## Sufrir el TEPT puede cambiar tu personalidad

El TEPT es uno de los cuadros más rebeldes en psicoterapia.

Muchos cuadros clínicos pueden remitir y curarse sin ayuda y espontáneamente con el mero paso del tiempo; sin embargo, no ocurre así con el TEPT. Este se termina cronificando y produce cambios permanentes en la personalidad del paciente.

Las personas que sufrieron abusos y graves negligencias en sus Familias Zero de origen suelen seguir sufriendo muchos años después el impacto y las secuelas del TEPT originado por el trauma complejo.

Si no se trata de modo específico el TEPT mediante la psicoterapia y la técnica EMDR, este se suele cronificar y da paso a cambios en la personalidad. Estos cambios se van instalando gradualmente y se prolongan en el tiempo, haciendo que las víctimas no se reconozcan a sí mismas, señalando que «ya no son quienes eran».

Los cambios más frecuentes en la personalidad de las víctimas apuntan a tres posibles configuraciones:

A) *Configuración de la personalidad de tipo obsesivo:*

- Actitud paranoide, hostil y suspicaz.
- Sentimiento crónico de nerviosismo, ansiedad y peligro inminente.
- Fijación compulsiva en el destino, la fatalidad, provocando aislamiento y soledad.

- Hipersensibilidad compulsiva respecto a las injusticias cometidas sobre otras personas, animales, etc.

B) *Configuración de la personalidad de tipo depresivo:*

- Indefensión, tristeza, pena, apatía y abatimiento.
- Sentimiento de abandono vacío y desesperanza.
- Incapacidad crónica para disfrutar o sentir placer con nada (anhedonia).
- Riesgo de conductas adictivas (drogas, alcohol, juego).

C) *Configuración de la personalidad de tipo introvertido:*

- Timidez, aislamiento social, introversión.
- Sentimiento de ser excluido de la sociedad (efecto de marginación).
- Actitud cínica y desapegada hacia el mundo.
- Descuido personal (falta de autocuidado) y emocional de sí mismo.

## SILENCIO Y REFLEXIÓN PARA TU RECUPERACIÓN
### Escala EPT de Estrés Postraumático

¿Hasta qué punto te han molestado los siguientes síntomas en las últimas semanas?

| 1 | 2 | 3 | 4 | 5 |
|---|---|---|---|---|
| Nada | Poco | Moderado | Bastante | Mucho |

- Tengo problemas de memoria.
- Tengo dificultades para concentrarme.
- Me vienen visualizaciones y recuerdos de escenas horribles o desagradables.
- Tengo sensaciones de miedo o peligro inminente.
- Evito rememorar cosas desagradables que me han ocurrido.
- Tengo dificultad para hablar de experiencias desagradables que me han ocurrido.
- Siento indefensión ante algunas cosas que me ocurren.
- Tengo la sensación de que algo malo va a ocurrir.
- Me siento inseguro todo el tiempo.
- Tengo preocupaciones que no me puedo quitar de la cabeza.
- Tengo pesadillas terribles.
- Me cuesta dormirme.
- Tengo un sueño muy ligero o interrumpido.
- Me despierto de madrugada y ya no puedo dormir.
- Tengo ideas suicidas o ideas de acabar con mi vida.
- Me vienen ideas sobre la muerte o sobre el hecho de morir.
- Me siento culpable.

| Corrección de estrés postraumático: suma la puntuación asignada a cada ítem y consulta la tabla | | | |
|---|---|---|---|
| Nivel de riesgo | **BAJO** | **MEDIO** | **ALTO** |
| Puntuación | 17 – 25 | 26 – 35 | 36 – 85 |

# 27

# DESENSIBILIZACIÓN. CÓMO SUPERAR LA AMNESIA, LA ABREACCIÓN, LAS ADICCIONES Y LA IRA. EL PROTOCOLO ESPECIAL EMDR DE LA PSICOTERAPIA ZERO

**El secreto del abuso familiar Zero**

Un elemento esencial en la recuperación del vínculo traumático de traición de la Familia Zero y de sus efectos colaterales en la vida actual del paciente es la denominada «ruptura del secreto».

El secreto del abuso, el abandono o la manipulación sufrida en la infancia del paciente permanece guardado bajo siete llaves como un bien a preservar de forma absoluta.

Las reglas de lealtad demencial a la Familia Zero rigen como nunca bajo los auspicios del resto de los traumas de traición más significativos: la víctima es la guardiana de que no se conozca el secreto de su propio abuso familiar ni las características abusivas de su propia Familia Zero.

Como veremos a continuación, a base de guardar el secreto, no pensar en él y no experimentar las emociones dolorosas asociadas a este se termina olvidando.

**La amnesia perversa: por qué olvidas lo malo y solo te acuerdas de lo bueno**

El fenómeno de la amnesia perversa explica que, a pesar de todo el sufrimiento generado por su Familia Zero, la víctima termina prisionera de los recuerdos buenos, recordando solo lo bueno de sus abusadores y olvidando sus abusos y manipulación.

Muchos de los niños traumatizados recurrentemente en infancias terribles y desgraciadas no llegan a recordar nada pasado un umbral de edad hacia atrás.

Siendo el propósito esencial del sistema de apego el de sentir seguridad, cuando este no funciona adecuadamente, el cerebro genera un mecanismo de supervivencia destinado a salvar a cualquier precio el apego.

El precio que el niño abandonado o abusado paga para poder apegarse a sus progenitores peligrosos, abandónicos o manipuladores es el de la amnesia.

El cerebro humano valora como esencial y fundamental mantener y conservar a cualquier precio los sistemas de apego. Y el propósito de la amnesia en cualquier tipo de trauma es, precisamente, mantener intactos todos los sistemas de apego.

De ahí que todas las personas maltratadas por una figura de apego, padre, madre o pareja tienden a olvidar sorprendentemente pronto todo aquello que les ha hecho sufrir su maltratador, al que, de este modo, pueden seguir apegados.

El abuso continuado desencadena una señal de peligro para los sistemas de apego del niño traumatizado por una Familia Zero. Su cerebro comienza a desarrollar todo tipo de estrategias para mantener intactos, más allá de que sean o no funcionales, los sistemas de apego parental.

El niño pequeño olvida pronto todo porque necesita apegarse.

En nuestra especie humana, quien quedaba aislado de sus redes parentales de apoyo, solidaridad y alimento no sobrevivía por mucho tiempo.

Para poder convivir con quienes te hacían daño, tu cerebro desplegó la oxitocina necesaria para que olvidaras el mal que te hacían y así poder apegarte y sentir seguridad y cobijo bajo los más abusivos y tóxicos progenitores.

Este mecanismo de la «amnesia perversa» trabaja en contra de tu supervivencia emocional y tu integridad psicológica a largo plazo en tu vida adulta, pues, habiendo olvidado dichos abusos y manipulaciones, se incrementa la probabilidad de reexperimentarlos de nuevo en análogas experiencias de victimización por parte de los mismos familiares, que perpetúan así en tu vida las más perversas actuaciones.

## Escribe tu «catálogo de horrores» y suscribe un contrato contigo mismo para no volver a permitir que abusen de ti

Para vencer la amnesia perversa, es imprescindible avanzar en la verdad de tu vida y de tu familia, sin permitirte excesivas contemplaciones ni falsas racionalizaciones, aceptando por fin la mala noticia de unos progenitores que no estuvieron ahí para ti.

Reconocer el catálogo de los horrores que has atravesado en tu vida y en tu Familia Zero no sirve para regodearte en el victimismo o para complacerte en el dolor, sino para que alcances una posición contundente de incondicional amor y protección de tu persona y nunca vuelvas a permitir que nadie te trate de forma abusiva y explotadora, como hacía tu Familia Zero.

Una vez reconocidos estos horrores, resulta crucial que realices tu compromiso o contrato contigo mismo para juramentarte proteger al niño interior que vas a adoptar.

---

### SILENCIO Y REFLEXIÓN PARA TU RECUPERACIÓN
#### Contrato conmigo mismo

Yo (nombre y apellidos), consciente y responsable de mi obligación de cuidar de mí mismo y de poner todos los medios para alcanzar mi felicidad personal en esta vida, RESUELVO Y ACUERDO en el día de hoy CONMIGO MISMO LO SIGUIENTE:

→

ME PROMETO SOLEMNEMENTE A MÍ MISMO no aguantar más en adelante la humillación ni la carga emocional que se deriva de mantener una relación de abuso o sometimiento con mi progenitor (rellenar con el nombre de tu progenitor zero).

ME PROMETO SOLEMNEMENTE A MÍ MISMO no tener ni mantener relaciones con nadie con quien tenga que invertir tanto a cambio de obtener tan poco.

ME PROMETO SOLEMNEMENTE A MÍ MISMO tratarme con respeto y amor, y mantener relaciones solo con personas que me traten igual de bien que yo me trato.

ME PROMETO SOLEMNEMENTE A MÍ MISMO amarme, cuidarme y respetarme tanto en la salud como en la enfermedad, en la riqueza o en la pobreza, todos los días de mi vida.

ME PROMETO SOLEMNEMENTE A MÍ MISMO cuidar y promover fielmente mi salud física, mi bienestar psicológico y emocional, así como mi felicidad, buscando sus condiciones y solicitando ayuda siempre que lo requiera.

ME PROMETO SOLEMNEMENTE A MÍ MISMO que a lo largo de mi vida en mis viajes, contactos y relaciones sociales observaré un especial cuidado y estaré especialmente atento a mi intuición respecto a todas las personas tóxicas y nocivas que pueda encontrarme, y me mantendré al margen de relaciones con ellas y saldré de su esfera de influencia de forma inmediata, sin juicios o recriminaciones, asegurándome que esa relación no se inicie o no siga adelante.

ME PROMETO SOLEMNEMENTE A MÍ MISMO aceptar todas las lecciones existenciales y vitales que esta experiencia me ha enseñado, sacar el máximo partido a este aprendizaje y regresar a mi auténtica identidad o Yo, reconociendo que tengo todas las capacidades y potencialidades para alcanzar la felicidad completa y la paz conmigo mismo en esta tierra.

> ME PROMETO SOLEMNEMENTE A MÍ MISMO no permitir que mi experiencia dolorosa o traumática con mi padre o madre (rellenar con el nombre del progenitor zero) arruine o perjudique mis futuras relaciones con otras personas.
>
> ME PROMETO SOLEMNEMENTE A MÍ MISMO no entrar en relaciones con personas que puedan requerir terapia o ayuda profesional, por tener problemas graves psicológicos o emocionales o enfermedades mentales, y me prohíbo contratar psicológicamente la repetición de abusos o maltratos como los que experimenté en mi familia de origen.

## De la abreacción al recuerdo intenso

Casi todas las personas traumatizadas que he atendido en mi vida creen que el objetivo de la psicoterapia del trauma es liberar catárticamente el dolor reprimido o contenido suscitado por el proceso traumático.

Acuden al psicólogo creyendo que mejorarán si dejan salir sus emociones dolorosas reprimidas libremente y no las contienen más, del mismo modo que reventar un absceso de pus permite dejar salir la infección y elimina la presión del sistema interno.

Muchos acuden buscando un alivio o consuelo que creen que el psicólogo les puede dar a base de escuchar y contener la expresión dolorosa de sus emociones alteradas.

Todas estas expectativas suponen un completo despropósito si de lo que se trata es de curar o resolver cualquier trauma psíquico.

Ni la expresión desaforada emocional ni el presunto alivio terapéutico que creen que les va a proporcionar son susceptibles de curar el trauma.

Generalmente, un examen atento y cuidadoso de la víctima que acude a psicoterapia por causa del trauma intrafamiliar cronificado suele resultar en un psicodiagnóstico de «Trastorno de Estrés Postraumático crónico».

Como síntoma nuclear, además del insomnio retrógrado, la irritabilidad y las alteraciones cognitivas y atencionales, este tipo de víctimas suelen padecer la irrupción frecuentes de *flashbacks* o memorias emocionales dolorosas.

Lo que le lleva a la persona a sufrir el demoledor impacto de los *flashbacks* o memorias emocionales es el hecho de que estas han quedado vinculadas en la mente de la víctima a todo tipo de situaciones que han adquirido, por asociación mental, visual, auditiva u olfativa, un potencial evocador de la memoria emocional dolorosa correspondiente.

Con el tiempo, los procesos de generalización y los procesos de condicionamiento clásico pueden llegar a hacer que cualquier estímulo antes neutral (incondicionado) adquiera el potencial de evocar el correspondiente *flashback*.

Así aparecen las alergias y las sensibilidades alimentarias o energéticas más extrañas sobre todo tipo de víctimas inconscientes de que lo son.

El proceso de sensibilización tiene que revertirse y para ello no queda otro remedio que la desensibilización.

## La revolución psicoterapéutica del EMDR

La psicóloga recientemente desaparecida Francine Shapiro descubrió en la década de los ochenta del pasado siglo una técnica que ha revolucionado el tratamiento del trauma psíquico reduciendo sustancialmente el tiempo de recuperación y aumentando críticamente la eficacia del proceso psicoterapéutico.

La técnica denominada EMDR, que obedece en español al nombre de «Desensibilización y Reprocesamiento a través de los Movimientos Oculares», no es sino una gran herramienta de desensibilización sistemática a través del reseteo cerebral asociado a la representación de estímulos desencadenantes de la respuesta emocional o *flashbacks*.

Desde que comenzamos a aplicar EMDR a nuestros pacientes traumatizados por el *mobbing*, el *bullying* o el Amor Zero, el tiempo promedio de tratamiento se redujo y los pacientes alcanzaron rápida y gradualmente una mejor calidad de vida.

A medida que íbamos aplicando los procesos de EMDR, los pacientes mejoraban sustancialmente, en especial disminuía la frecuencia e intensidad de sus *flashbacks* o memorias emocionales asociadas.

La importancia de reducir los *flashbacks* radica en que para el cerebro traumatizado experimentar uno de ellos significa lo mismo que volver a revivir el trauma original con toda su intensidad emocional.

La acumulación de memorias emocionales traumáticas hacía de los pacientes más traumatizados malos candidatos para la psicoterapia verbal, pues no podían siquiera verbalizar nada de lo que les había ocurrido, tan grande era el dolor emocional que debían soportar.

El impacto en la reducción de los *flashbacks* de la técnica EMDR mejoró no solo la calidad de vida y la verbalización terapéutica de los pacientes más traumatizados, sino también sus índices de supervivencia, reduciendo significativamente sus comportamientos autolíticos.

La solvencia y la eficacia demostrada de la técnica EMDR en todo el mundo (un tratamiento basado empíricamente en la evidencia) nos ha llevado a entender mejor la mente de una persona traumatizada y nos ayuda cada día a emprender con mucha seguridad los procesos de desensibilización mediante procesos de desensibilización de las memorias traumáticas.

Frente a la abreacción, siempre es mejor elegir terapéuticamente la intensa conexión con la memoria traumática y su desensibilización efectiva.

En el momento en que se desensibiliza la respuesta traumática emocional de un evento respecto al mismo evento o respecto a
su recuerdo, el paciente queda liberado de su obligada inversión de
energía para sortear todo tipo de situaciones asociadas al trauma
original.

Desde el momento en que se consume totalmente la emoción mediante la desensibilización de EMDR, esta deja de tener el
poder de manifestarse en cualquier situación o lugar asociado al
trauma.

Esto supone la más grande liberación de la hipoteca de energía psíquica que el paciente traumatizado puede llegar a experimentar.

## El rol de las adicciones en el trauma
## y cómo acabar con ellas

Todos los psicoterapeutas que trabajamos con víctimas traumatizadas nos enfrentamos con el problema de las adicciones.

En los pacientes traumatizados por las Familias Zero, como
en todas las demás víctimas del trauma, las adicciones siempre son
secundarias, es decir, no son el núcleo del problema a tratar. Suponen intentos del paciente de seguir del mejor modo posible con su
vida a pesar del trauma.

De ahí que el enfoque correcto del tratamiento y la erradica-
ción de las adicciones exige desde el principio el rol que estas presentan como respuesta primero adaptativa (en origen) y, después,
desadaptativa al trauma.

Adicción es lo opuesto a desensibilización.

Toda adicción supone siempre un intento del paciente
traumatizado de tomar la máquina del tiempo para dejar de estar
*aquí y ahora* debido a la presencia en el *aquí y ahora* de sentimientos y conflictos psíquicos intolerables, que pueden ser de

miedo, terror, angustia, ansiedad, vacío, soledad, aburrimiento o tristeza.

El propósito de la adicción es agarrar al paciente y sacarlo del doloroso territorio del *aquí y ahora* para enviarlo a un *allí* donde supuestamente no existe ese dolor.

Salir del aquí y el ahora y enviar al paciente al allí se consigue de muchas y variadas formas. Al paciente traumatizado le sirven todo tipo de vehículos para la *teletransportación* física, mental y temporal que supone la adicción.

Hay que entender en este sentido amplio que deben conceptualizarse como adicciones todo tipo de comportamientos que consiguen ese teletransporte psíquico: heroína, alcohol, cocaína, ira, autolesiones, bulimia, compras compulsivas, *flashbacks*, ninfomanía, adicción al porno, sexo casual, web porno, masturbación, sadomasoquismo, depresión, cleptomanía, rituales obsesivos, compulsiones de limpieza, etc.

El problema de llegar al *allí* de la adicción es la pléyade de efectos perniciosos en la salud física y mental, en la economía y en el bienestar social y familiar del paciente que ensaya esa estrategia para superar el dolor del *aquí y ahora*.

Entender que adicción y desensibilización son polos opuestos resulta esencial en la asistencia de los pacientes traumatizados y en su recuperación.

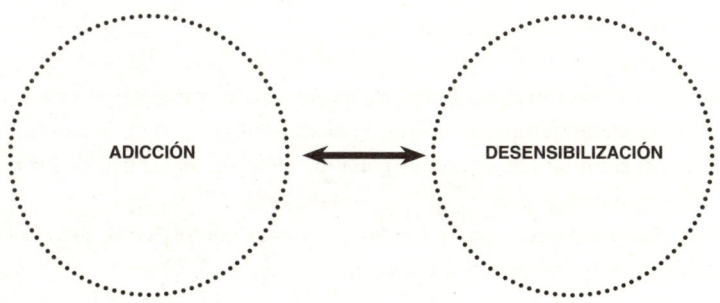

La función que tiene cualquier adicción en el paciente traumatizado es evitar a la víctima una serie de síntomas y conflictos que pueden hacerle sufrir en el *aquí y ahora*. Puede decirse, pues, que cumple la función dentro de la lógica de supervivencia del paciente como proceso de evitación del dolor.

El cambio en el locus de control o transfusión de maldad que hemos visto anteriormente es un ejemplo más de evitación que coloca la atención del paciente en el progenitor crítico internalizado y le da una sensación de control que no tenía antes.

**Extroyección de la maldad y del progenitor interno crítico**

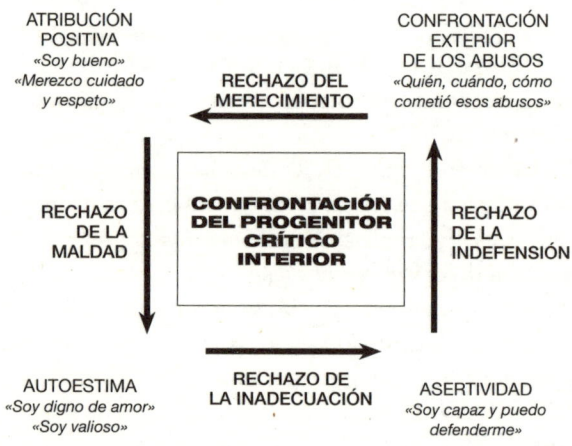

La desactivación de las adicciones y del progenitor crítico interno tiene siempre el mismo principio universal de la psicoterapia del trauma: hacer que el paciente deje de evitar ese dolor y regrese al *aquí y ahora*.

En un sentido general y desde el tratamiento psicológico del trauma, es necesario recordar que:

— las alucinaciones auditivas,
— las rumiaciones y la charla interior autocrítica,
— los pensamientos suicidas,
— las drogas,
— la conducta *borderline* o límite,
— los ataques de pánico,
— la masturbación compulsiva,
— los rituales obsesivos,
— la anorexia y la bulimia,
— los ataques de ira,
— etc.

... sirven todos ellos al mismo propósito de *evitación* del paciente traumatizado.

Para ello es imprescindible ayudarlo a desensibilizar el dolor presente en el *aquí y ahora.*

Ello requiere de la acción de la voluntad del paciente.

Una vez que se le explica que todo es evitación, el paciente recibe la buena noticia de que, si lo decide, puede enfrentarse al dolor y al sufrimiento del presente sin tener que pagar el precio y los efectos secundarios que sus adicciones le están provocando.

El compromiso por mantenerse sobrio, limpio o ajeno a todas sus adicciones es algo que el terapeuta no puede suplir y debe ser una elección y un acto de la voluntad del paciente. Tampoco puede ser suplido por la pareja, el padre o el hijo del superviviente al trauma, sino que debe ser el mismo paciente el que decida desde su libertad y voluntad terminar *aquí y ahora* con su enganche.

Técnicas como las de los 12 pasos o similares pueden servir para que el adicto se dé márgenes o plazos para no acabar instantáneamente con su adicción en el presente.

Y en materia de adicciones el planteamiento terapéutico debe ser radical y binario: o estás limpio o estás enganchado, o sigues tomando o estás sobrio.

No hay tercera vía.

El *mantra* mendaz del «lo está consiguiendo», tan típico de una época y una sociedad narcisista basada en la mentira y el auto-engaño, no es más que una barata consolación que permite al paciente seguir engañándose, sin confrontar su evitación del dolor y sin erradicar la causa de su mal.

## Enfoque de la Psicoterapia Zero para salir de la adicción desde la decisión de la voluntad: «hazlo o no lo hagas, pero no lo intentes»

Definir la *adicción* del paciente traumatizado como una estrategia de supervivencia, aunque inadecuada, que es el fruto de su elec-ción, libera a este de un rol pernicioso de «víctima indefensa» y lo coloca en la perspectiva del *empoderamiento* más radical desde la acción de la propia voluntad de cuidarse y de estar sobrio o limpio.

La experiencia de cientos de pacientes traumatizados que han terminado con sus adicciones de manera instantánea confirma que el enfoque que yo denomino *jedi* del «*hazlo o no lo hagas, pero no lo intentes*» de la salida de la adicción es el único que funciona.

El enfoque *jedi* evita que el paciente se cuelgue del psicotera-peuta como indefenso y dependiente niño y adopte el rol impres-cindible de adulto solucionador de sus propios problemas, con poder y capacidad de usar estrategias afectivas para regular sus esta-dos de ánimo y calmarse a sí mismo sin el recurso a la adicción.

Para muchos pacientes traumatizados por Familias Zero, su adicción reemplaza a la madre o al padre tranquilizador que no tuvieron. Solo convertirse en su propia fuente autónoma de paz y calma le permitirá al adulto dejar de recurrir al alcohol, a las sus-tancias o a los comportamientos adictivos más disfuncionales para calmarse.

Colocar el control comportamental del adicto en terceras personas o cuidadores que lo vigilen o custodien las veinticuatro horas supone un largo o interminable camino de recuperación que suele descarrilar casi siempre, y que conduce a todo tipo de trampas y recaídas.

Colocar al paciente ante su responsabilidad como adulto de aprender a cuidarse y autocalmarse y decidirse a ello sin recurrir a esas estrategias de evitación del dolor es el camino terapéutico correcto que suele dar frutos tan inmediatos como permanentes.

Sabiendo que los síndromes de abstinencia químicos o el «mono» no dura más que un tiempo limitado y puede ser suplido rápidamente, al paciente traumatizado se le ofrece la opción de decidir *aquí y ahora* salir de su adicción, adoptando la decisión adulta de cuidarse y calmarse a sí mismo sin recurrir a las drogas o al alcohol.

En mi trabajo con los pacientes más traumatizados he observado que este enfoque basado en la voluntad, la toma de decisión y el empoderamiento del paciente surte efecto y produce el éxito real, evitando las «trampas al solitario» típicas en los adictos en sus procesos de recuperación.

Suelo aprovechar el efecto terapéutico de la presión mimética grupal en terapia de grupo, que obra maravillas cuando esos compromisos se solicitan y se hacen en presencia de otros pacientes que también han resultado traumatizados y que ya han podido terminar anteriormente con sus conductas adictivas.

## La ideación suicida, las autolesiones y la ira como adicciones

Estar pensando o rumiando el propio suicidio es una estrategia de evitación susceptible de producir la paz de un Lugar Seguro (la muerte), la distracción, el reforzamiento de la inversión del locus de control (el paciente siente tener el control de poder terminar con su sufrimiento a voluntad), etc.

El paciente no tiene tiempo de sentir tristeza, soledad o angustia mientras está ocupado en buscar pastillas, hacer testamento, masturbar mentalmente su funeral o escribir notas de despedida.

El suicidio es la última estrategia de evitación. Y debemos dejarle claro al paciente que es él quien debe terminar, con la fuerza de su voluntad, con toda adicción como forma de evitación.

Lo mismo ocurre con las autolesiones, frecuentes desencadenadoras de sustancias endógenas similares a los opiáceos. Arrancarse el pelo, las uñas, practicarse cortes o pequeñas lesiones, o golpearse contra la pared, pueden ser eficaces para que el cerebro emita la orden de segregar potentes drogas internas.

Enseñar al paciente a calmarse y tolerar el sufrimiento emocional sin recurrir a estas sustancias resulta decisivo para establecer y fijar una respuesta distinta a la autolesión cada vez que se siente angustiado o culpable.

En la psicoterapia del trauma el síntoma del paciente casi nunca es el problema a resolver. Este es el indicador de otro tipo de causa a la que el síntoma intenta dar solución de un modo disfuncional y más doloroso a largo plazo.

De este modo, hay que buscar las razones detrás de síntomas aparentemente tan absurdos o disfuncionales como la ideación suicida, las explosiones de ira, la violencia intrafamiliar, los *flashbacks*, el abuso de drogas. Todos ellos deben ser contemplados como intentos de resolución inadecuados a otros problemas subyacentes que el paciente traumatizado intenta evitar con el síntoma.

La tarea del psicoterapeuta es siempre encontrar con la ayuda del paciente la lógica tras el síntoma y detectar cuál es el problema que dicho síntoma resuelve para encontrar una respuesta más adaptativa y saludable.

Los rabiahólicos, o adictos a la ira, no son casos diferentes.

Se trata de explicarle al adicto a la ira que dicha emoción es una emoción normal y saludable. Especialmente parece una respuesta emocional bastante coherente a la luz del trato abusivo, negligente o inconsistente que el paciente suele haber recibido en el seno de su Familia Zero.

La ira supone una respuesta de supervivencia que cumple varias funciones en el paciente traumatizado.

En general, experimentar ira proporciona energía y nos saca de estados de indefensión, tristeza y apatía que pueden ser extremadamente peligrosos para la supervivencia de nuestra especie.

La ira es además el antidepresivo más eficaz y barato del mundo. Su manifestación es incompatible con la depresión. Ira y depresión no pueden existir de manera simultánea. Los chutes de adrenalina de tu cerebro son incompatibles con las manifestaciones clínicas de la depresión.

De ahí que la ira suele cumplir el saludable papel de servir para eludir la depresión en los pacientes más traumatizados. Estos no podrían seguir con sus vidas si no se vieran energizados por el cabreo que diariamente experimentan ante ciertos recuerdos o ciertas situaciones.

## La gestión de la ira en las víctimas de las Familias Zero

El paciente aquejado de ataques de ira necesita desensibilizarse de una respuesta extrema que perjudica a sus emociones, su salud física y sus relaciones con los demás.

Esa respuesta de ira le permite mantener vivo el recuerdo de la injusticia, el trauma, el abandono o la negligencia de la que fue objeto en su infancia.

Por otro lado, su ira le permite vivir en la ficción de que controla el entorno y es capaz de mantener a raya y lejos a los posibles agresores o abusadores que le harían de nuevo daño. «No hay mejor defensa que un buen ataque».

En su Familia Zero abusiva de origen, este paciente aprendió que experimentar rabia era peligroso para él, pues generalmente le llevaba a una conducta rebelde y opositora que conducía al castigo y la violencia. Esa es la razón de que se vea obligado a camuflar, ocultar o reprimir su rabia si quiere protegerse.

Tener que reprimir ese sentimiento le lleva a experimentar una injusticia por no poder defenderse del daño mediante la ira, lo que aumenta su enfado consigo mismo, haciendo crecer aún más la presión interna de la ira en un círculo vicioso.

Con la ayuda del proceso terapéutico, el paciente puede aprender a expresar con efectividad su enfado sin tener que reprimirlo. Esto le ayuda, como hemos visto, a librarse de la depresión, sentimiento incompatible con la ira.

Por otro lado, se le ayuda a adquirir habilidades para gestionar inteligentemente la emoción de la ira, graduando esa respuesta, desensibilizándola y convirtiéndola poco a poco en una respuesta adaptativa y socialmente aceptable en su entorno.

Ni se verá obligado a reprimirla ni a odiarse por ello, ni a explotar sin control cuando ya no pueda más.

El trabajo de desensibilización de la ira es uno de los más productivos en la psicoterapia, pues produce al mismo tiempo múltiples beneficios para el paciente traumatizado por una Familia Zero:

- Le ayuda a salir de la depresión.
- Le permite desensibilizarse de la fobia a la ira (miedo a ser castigado si expresa su enfado).
- Aprende a graduar su enfado haciéndolo aceptable a las normas sociales de convivencia básicas.
- Corrige su error cognitivo de creerse dominado por fuerzas emocionales incontrolables que le condenaban

ineluctablemente al descontrol, la violencia, la locura, el crimen, la autolesión o el suicidio.

▪ Desconfirma su expectativa irracional de creer que seguiría *descontrolando* de por vida cada vez que quiere expresar su cabreo, frustración o decepción con alguien o algo.

El paciente con el rol adquirido de víctima pasiva y con problemas para expresar su rabia es animado en la terapia a expresar esa rabia acumulada en diferentes zonas de su cuerpo en forma de dolores, afecciones o reacciones psicosomáticas. Con técnicas de *bodyscan* guiado se le conduce a notar cómo la expresión controlada y paulatina de su rabia libera su energía corporal, desata ciertos bloqueos físicos y, al mismo tiempo, impide que se instalen sentimientos de tristeza o depresión.

El paciente *límite* o *borderline*, afectado por todo tipo de comportamientos de *acting out* que grita su rabia incontenida contra *su Familia Zero de mierda* a cada instante de modo inapropiado, es invitado a expresar verbalmente el verdadero objeto de su rabia.

La repetición de su ira cada día con su pareja, compañeros de trabajo, sus hijos, su psicólogo o cualquiera que se cruce con él en su camino convierte erróneamente su sentimiento de dolor en una inefectiva e inapropiada ira.

A este paciente le proponemos que repita en voz alta, dirigiéndose a su progenitor zero:

▪ No pude conseguir que me protegieras de papá.
▪ No pude conseguir que me amaras.
▪ No puede conseguir que cuidaras de mí.
▪ No pude conseguir ser para ti más importante que tu trabajo.
▪ No pude conseguir que me prefirieras a mi hermano.
▪ No pude conseguir tu atención y tu interés sobre mi vida.

Mientras se le hace repetir estos mensajes en voz alta durante la psicoterapia, el terapeuta le propone que observe cómo se esconde detrás de su ira para no tener que evocar o aceptar el duelo.

En ambos casos los dos pacientes usan la disociación como mecanismo para separar la ira de la pena, pues no pueden experimentar a la vez ambos.

Cada uno entra en un trance distinto que les lleva en la máquina del tiempo a vivir en otro tiempo y en otro lugar.

La víctima pasiva se vuelve pequeñita, indefensa, vulnerable, con el consiguiente riesgo de experimentar un doloroso *flashback* en cada instante.

La víctima *límite* o *borderline* está literalmente *poseída* por un trance que la ha llevado al pasado de sus abusos. Literalmente se encuentra allí de nuevo, ante sus abusadores, intentando que su cólera la proteja de nuevos abusos.

Ambos pacientes requieren regresar al presente, al *aquí y ahora* y enraizarse en la realidad del *hoy*.

El trabajo terapéutico con los pacientes permite la expresión de su ira, enfado y cólera en un modo adecuado y civilizado, pudiendo convertirse así en un tipo de emoción aceptable y funcional. Esto les ayuda a salir de la vergüenza tóxica que han arrastrado a lo largo de una vida entera, y que les ha debilitado sobremanera.

Pueden acrecentar su sensación de control, valía y confianza en sí mismos terminando con años de vivir conteniendo, ocultando o siendo víctimas internas de una rabia incontenible.

# 28

# REPROCESAMIENTO, AUTOCUIDADO, AUTOESTIMA, AUTOCOMPASIÓN. EL NUEVO YO Y LA NUEVA MENTE RACIONAL

## Cómo desarrollar una Mente Racional libre de distorsiones

La instalación del nuevo Yo o Parte aparentemente normal de la víctima requiere que esta sustituya los patrones de autodescuido, autoabandono, autosabotaje y autocrítica que quedaron integrados dentro de un falso Yo por el trauma de la Familia Zero.

Es un hecho que estos pacientes aprendieron a cuidarse y a tratarse a sí mismos cuando fueron (mal) tratados y (des) cuidados.

Esta dinámica debe ser revertida durante la psicoterapia, con la mirada incondicional (*loving eyes*) del terapeuta.

La autoestima y la confianza en uno mismo se basan en una clara y sana percepción de la realidad, libre de distorsiones.

Sin embargo, el trauma suele incrustar en la mente de las víctimas una serie de ideas irracionales que surgen e irrumpen automáticamente en el pensamiento y lo distorsionan, incidiendo negativamente en la vida, las emociones y las relaciones del paciente traumatizado.

Aunque hacer un catálogo exhaustivo resulta imposible, presento a continuación las principales distorsiones que afectan a la mente y que configuran las mencionadas ideas irracionales. El trabajo paciente con la víctima debe llevar a cuestionarlas y reemplazarlas por otros patrones más adecuados y ajustados.

---

### Silencio y reflexión para tu recuperación
**Ideas irracionales más frecuentes
en los pacientes traumatizados**

---

1. Es necesario para el ser humano ser querido y aceptado por *todo* el mundo.

2. Uno tiene que ser *muy* competente y saber resolverlo *todo* si quiere considerarse necesario y útil.

3. Hay gente mala y despreciable que *debe* recibir su merecido.

4. Es horrible que las cosas no salgan *como a uno le gustaría*.

5. La desgracia humana se debe a causas *externas*, y las personas no tenemos ninguna o muy *pocas posibilidades de controlar* nuestros disgustos, emociones y trastornos.

6. Si algo es o puede ser peligroso o da miedo, *hay que* preocuparse mucho y *recrearse constantemente* en la posibilidad de que ocurra.

7. Es más fácil *evitar* que *hacer frente* a algunas dificultades o responsabilidades personales.

8. Se necesita siempre a *alguien más fuerte que uno* en quien poder confiar.

9. Un suceso pasado es un determinante importante de la conducta actual. Si algo me afectó mucho, *continuará* afectándome *indefinidamente*.

10. Uno *debe* preocuparse continuamente por los problemas de los demás.

---

El psicoterapeuta Zero ayuda a implantar nuevos patrones de pensamiento racional sano.

La higiene mental de las víctimas requiere que adopten algunas medidas de salud psíquica personal, como pueden ser las siguientes:

---

### SILENCIO Y REFLEXIÓN PARA TU RECUPERACIÓN
#### Diez pensamientos racionales
#### con los que puedes cambiar tu vida

---

1. Renuncia a la necesidad de aceptación social general: que todo el mundo te quiera o te acepte es algo imposible.

2. Renuncia a ser un superhombre/supermujer como fuente de tu autoestima personal. No es preciso que alcances cotas de excelencia o de perfección en todo o en parte para autovalorarte.

3. Acepta que, en la película de la vida, *los malos* no siempre pierden y los buenos no siempre ganan. Incrementa tu tolerancia a la frustración, la ira y el resentimiento por las injusticias que padeces. Al único que le afecta tu odio es a ti.

4. Aprende a tolerar tu frustración: cambia lo que es evitable y aprende a cooperar absolutamente con lo inevitable.

5. Escapa de la indefensión. Procurar entender qué comportamientos pueden orientarse a la solución o ser parte de ella.

6. Ocúpate, en lugar de preocuparte.

7. Acepta la responsabilidad de dar respuesta, y de hacerlo de manera efectiva.

8. Renuncia a la dependencia psicológica de otras personas para estar bien. Conviértete en la causa principal de tu bienestar y de tu felicidad.

9. Rompe el condicionamiento del pasado viviendo intensamente el momento presente.

10. Dimite como director general de la humanidad. Nadie te ha nombrado responsable universal de todo lo que pasa a tu alrededor.

---

## Cómo desarrollar la compasión por ti y por los demás

Desarrollar la autoestima requiere una profunda, robusta y decidida compasión por uno mismo. La víctima suele tener que crearla de la nada, pues generalmente, por ausencia, negligencia o abandono, no tuvo el modelo mimético de sus progenitores para aprender de estos.

La programación inculcada desde la infancia por el trauma hace estragos en la capacidad de autocompasión del adulto que procede de una Familia Zero. En nuestro entorno social muchos menosprecian a aquellos que se compadecen de sí mismos, al considerarlas personas flojas, débiles o perdedoras.

Y, sin embargo, nadie es más vulnerable y manipulable que una víctima del trauma que carece de esta capacidad.

El vapuleo constante de la autocrítica y de los autorreproches sistemáticos, por influencia del progenitor crítico o abandónico, martirizan al niño perdido y lo acompañan de por vida.

La disociación interna es utilizada en su provecho por todo tipo de abusadores, como auténticos especialistas en detectar las grietas o las debilidades internas de sus potenciales víctimas.

Debes trabajar la capacidad de autocompasión con la ayuda de un psicoterapeuta especializado.

El trabajo interior debe movilizar los *músculos internos* de tu autoestima, sobre todo la capacidad esencial de comprenderte y aceptarte siempre y en toda circunstancia.

## Comprenderte a ti mismo

Con la comprensión de ti mismo alcanzas un tipo de inteligencia emocional que hace que, sin justificarlas, puedas entender sin culpa las situaciones que causaron los abusos y le negligencia que padeciste en tu Familia Zero de origen.

Entender cómo se aprovechan de tu vulnerabilidad y de tu escasa autoestima otros abusadores en el presente debe llevarte a una mayor comprensión y no a mayor autocrítica y autocastigo.

Comprenderte a ti mismo es esencial para desactivarte emocionalmente, permanecer tranquilo y sereno frente a los abusos y desplegar comportamientos equilibrados y sensatos con los que poder defenderte.

## Aceptarte incondicionalmente

No tuviste padres cariñosos o protectores, pero te tienes a ti mismo. La comprensión meramente intelectual de ello no basta.

Una vez que entiendes lo que ocurrió y comprendes los problemas actuales de tu vida adulta derivados de ello, debes armarte de fuerza interior para aceptar siempre y bajo toda circunstancia a tu niño interior.

La aceptación es la parte más difícil de la compasión, pues requiere un cierto abandono psicológico de ti mismo. En muchas ocasiones el trabajo sobre la aceptación personal es largo y requiere desbloquear otros resortes y mecanismos psicológicos activos en la víctima:

- Aceptar una visión realista y no mítica de tus progenitores tóxicos, negligentes o abusivos, con sus defectos, fallos y equivocaciones, y a la luz de los abusos, negligencias y agresiones que sufriste. Comprender sus circunstancias no es validar sus abusos y aún menos obligarte a tener contacto con ellos. Es imprescindible para tu recuperación que elabores el duelo por los padres que nunca tuviste y que te fallaron totalmente.

- Aceptar tu apariencia física con todas sus características, sin emitir juicios negativos ni rechazar parte alguna. Mirar tu cuerpo y tu apariencia con una actitud incondicional y amorosa.

- Aceptar tu personalidad y tu forma de ser, con sus sesgos, tendencias y mecanismos recurrentes de defensa, así como los condicionamientos y consecuencias dolorosas del trauma mientras estas persistan y no puedas erradicarlas.

- Aceptar tu pasado, tu historia, los archivos claros y oscuros de tu vida. No elegiste ser víctima de esos abusos o negligencias familiares, pero hoy puedes elegir curarte y escapar de los condicionantes de esa experiencia.

- Aceptar los daños psíquicos, las adicciones y las enfermedades psicosomáticas que puede haberte producido tu Familia Zero, como secuelas inevitables para cualquier ser humano que hubiera atravesado por las mismas circunstancias. Entender, sin culparte, las dificultades que ha causado en tu vida el haber pertenecido a una Familia Zero.

- Aceptar, como parte de un universo donde rige el libre albedrío, la existencia de ciertos tipos de progenitores negligentes, perversos o malvados para con sus hijos, cuyas actuaciones tienen causa en su historia personal. Sin justificarlos ni convertir en aceptables sus abusos, puedes explicarte por qué pudieron ocurrir.

En esta aceptación, debes aplicar la máxima de intentar cambiar aquello que puede ser cambiado y conllevar todo lo demás con paz, paciencia y tolerancia.

Aceptar significa siempre aprender a cooperar absolutamente con lo inevitable. No significa permitir que lo evitable siga su curso, ni entrar en ningún tipo de indefensión.

Desarrollar esta respuesta de compasión por ti supone la auténtica revolución, pues significa pasar de la posición de «víctima indefensa» a la posición emocionalmente inteligente y proactiva de comenzar a cuidarte y protegerte.

La compasión da paso a una nueva dinámica o patrón, juzgar los hechos que ocurrieron en tu vida y en tu Familia Zero de origen con las tres preguntas básicas siguientes:

1. ¿Cuál es la necesidad que estaba buscando satisfacer con esa conducta?
2. ¿Cuáles son las vivencias, las creencias, el historial personal o el tipo de ignorancia o desconocimiento que influyeron en esa conducta y la ocasionaron?
3. ¿Qué tipo de dolor, daño, trauma previo, enfermedad mental o frustración personal influyó en esa conducta?

Una vez comprendidos los motivos de las conductas de tus progenitores zero, para lograr la paz interior, se trata de que aceptes a las personas autoras (no importa si están vivas o muertas o si tienes relación con ellas o, por el contrario, practicas el Contacto Cero) de esos comportamientos abusivos mediante estas tres estrategias de aceptación:

1. Desearía que esto no hubiera sucedido, pero con ello no intento satisfacer sus (patológicas e incluso perversas) necesidades.
2. Acepto lo que sucedió sin obligarme a que nazca en mí una sensación de malevolencia u odio. Me libero del odio como sutil vínculo que me encadenaría a esta persona.
3. Por desafortunada y dolorosa que fuera su conducta, acepto que la persona que la adoptó es alguien que pudo no conocer otro modo de hacer las cosas u otro modo de sobrevivir, o que incluso pudo creer que lo hizo *lo mejor posible*.

# 29

# INTEGRACIÓN EXISTENCIAL. LA ESPIRITUALIDAD EN LA RECUPERACIÓN DEL TRAUMA. SENTIDO EXISTENCIAL, INTEGRACIÓN FUNCIONAL DEL TRANCE Y PERDÓN

**El impacto del trauma en la espiritualidad y su rol potencial en la recuperación de las víctimas**

Es frecuente que la persona traumatizada por la abrumadora experiencia de una Familia Zero se pregunte por el sentido de lo que le ha ocurrido.

Sus preguntas existenciales llevan a replantearse una y otra vez su cosmovisión, el papel de Dios, la fe, la batalla cósmica del bien contra el mal, etc.

Vive con la constante exigencia de encontrar un sentido a lo que le ha ocurrido dentro del plan del universo, del designio divino o de la voluntad de Dios.

Pero la razón dice que no hay ningún sentido existencial en un trauma de abuso parental zero, pues no hay nada que justifique que un niño pequeño sufra abusos, o sea abandonado o tratado con descuido o negligencia, al punto de que eso le genere secuelas permanentes.

Sin embargo, la experiencia clínica nos permite afirmar que muchos pacientes, con ocasión de su recuperación del trauma, llegan a experimentar importantes experiencias en la comprensión de sí mismos, del mundo y del universo, que pasan a ser parte de una cosmovisión nueva dentro del ámbito de su espiritualidad.

Dichas experiencias espirituales incluyen los estados alterados de conciencia, en forma de trances místicos o *insights* profundos acerca del sentido de la existencia, de sus vidas o del universo.

Pueden implicar apariciones, revelaciones o mensajes de figuras religiosas relevantes o estados contemplativos sublimes.

La espiritualidad recibe cada vez más atención por parte de los especialistas en trauma psíquico, como parte importante de los procesos de recuperación de las víctimas.

Se abren grandes oportunidades si incorporamos al proceso de sanación la perspectiva del sentido existencial y las capacidades trascendentes y espirituales del ser humano.

Entiendo que la espiritualidad puede abarcar aspectos formales que tienen que ver con la religión organizada, pero no queda limitada solo a ese ámbito.

Hemos visto cómo a lo largo del proceso de generación del trauma y de la respuesta de supervivencia a él, la mente humana suele reaccionar con la disociación, que no está lejos de lo que se denomina trance.

La respuesta del niño pequeño al trauma abre su mente a la disociación, y a los diferentes trances que hemos visto que producen efectos secundarios, generalmente negativos, a lo largo de la vida a la víctima.

Pero las capacidades disociativas generadas también pueden ser usadas de forma positiva.

La mente produce un *split* y se disocia tempranamente dejando al niño de por vida con una enorme capacidad para el trance, y por lo tanto abierto a todo tipo de experiencias que son suscitadas por sus estados disociativos y que se denominan Estados Alterados de Conciencia (EAC).

El trauma puede configurar en la vida de las personas traumatizadas una puerta de apertura al trance y les proporciona gran propensión a los EAC, que son a su vez causa de conexión con la zona trascendente o zona T. Nadie debe entender que propongamos por ello generar traumas para alcanzar dichos estados. Nada de eso.

Es conocido que los EAC se encuentran en la base de muchos de los fenómenos espirituales y religiosos más comunes en todo el mundo.

La inducción de un EAC mediante la meditación, el consumo de ciertas sustancias sagradas, la recitación de mantras o la percusión ritual de tambores u otro tipo de instrumentos musicales induce en las culturas de todo el mundo a entrar en contacto con la denominada zona T (Zona Trascendente).

Entender la conexión entre el trauma y la espiritualidad resulta esencial en la perspectiva interdisciplinar más completa del tratamiento del trauma psíquico.

## La espiritualidad o zona trascendente (zona T)

Los psicoterapeutas que tratamos a pacientes traumatizados podemos tener creencias, opiniones o planteamientos existenciales o espirituales parecidos o diferentes de los de nuestros clientes.

Incluso cuando se comparte una misma fe, religión o práctica espiritual organizada, puede haber diferencias. En mi opinión, la disonancia entre creencias de terapeutas y pacientes no es obstáculo para asistir a estos frente a los potenciales conflictos espirituales o existenciales que inevitablemente surgen a lo largo del proceso de sanación del trauma.

El respeto de las creencias y la aceptación de las experiencias de un paciente es una buena norma terapéutica a seguir, siempre y cuando dichas creencias o prácticas no afecten a los derechos, la seguridad o el bienestar de los demás o no pongan en peligro su integridad.

Comparto con muchos otros terapeutas expertos en el tratamiento del trauma la visión y la posición no dogmática de que es posible integrar, incorporar y compatibilizar la espiritualidad con el trabajo profesional de recuperación del trauma de un paciente victimizado.

El tipo de enfoque de trabajo que presento a continuación es compatible con todas las religiones, credos, creencias espirituales o planteamientos filosóficos o existenciales. El único objetivo es proporcionar al paciente, dentro del proceso de recuperación, un marco más amplio de comprensión que le ayude a integrar, comprender e interpretar sus experiencias, creencias y percepciones.

En este sentido conviene aclarar que entiendo por espiritualidad:

1. La búsqueda de un sentido más profundo de conexión con algo más grande y diferente que el Yo y que las relaciones personales.
2. Algo que puede o no abarcar la religión organizada.
3. Algo que puede o no estar asociado a la creencia en Dios o en dioses.
4. Un enfoque que abarca la esencia de todas las religiones y sistemas de creencias y que no conlleva daño hacia uno mismo ni hacia los demás.

## Conflictos espirituales suscitados por el trauma

Es muy habitual que en torno al abandono y el trauma de traición surjan los conflictos espirituales más variados.

Uno de los conflictos más típicos es el que tiene que ver con la dificultad de escapar de un abusador familiar, habitualmente un progenitor tóxico, cuando la creencia religiosa o espiritual manda honrar al padre o a la madre o mantener un contacto privilegiado con ellos de por vida.

Algunos conflictos parecen de naturaleza espiritual, pero una exploración más atenta de ellos puede revelar importantes elementos traumáticos no identificados y que suelen tener que ver con los problemas ya analizados del apego al perpetrador (*skandalon*) y de la reversión del locus de control.

Una vez que se resuelven dentro de la psicoterapia mediante los procedimientos terapéuticos adecuados, suelen aclararse o desaparecer los presuntos problemas espirituales que aquejaban al paciente.

El deseo de encontrar un sentido a lo que le ocurrió al paciente traumatizado por su Familia Zero suele ser la manifestación de su necesidad de instrumentalizar y romper los procesos que mantienen la indefensión aprendida, y no tanto la necesidad de dotar de un guion a la película traumática de su vida.

El problema del cuarto mandamiento de la tradición judeocristiana (honrarás a tu padre y a tu madre), que afecta a muchos cristianos sinceros pero víctimas del abuso de sus progenitores tóxicos, debe ser enfrentado y resuelto en psicoterapia como una potencial fuente de negación, racionalización o represión de emociones sinceras y justas, y que puede operar como elemento mantenedor del apego crónico al perpetrador (*skandalon*).

Muchas de las crisis espirituales de fe en un Dios benevolente o en un universo amigable tienen que ver con aspectos psicológicos no resueltos de desplazamiento y proyección de emociones vicarias de duelo, rabia, tristeza y traición, que se corresponden con el problema mencionado de apego al perpetrador.

La fijación patológica en el destino, en el pago necesario de deudas del *karma*, en el aprendizaje de las lecciones del universo o en un abrumador sentido de pecado o de culpa son habituales problemas relacionados con la espiritualidad, que el psicoterapeuta experto debe saber enfocar correctamente para ayudar a su paciente a salir de un posible enmarañamiento.

La espiritualidad suele sufrir alteraciones por efecto del trauma y hacer que un paciente maltratado por su progenitor zero proyecte en Dios la necesidad de ser castigado por sus pecados, como forma de racionalizar y mantener intacto su apego al progenitor perpetrador que lo traicionó.

El trauma puede ocasionar en la espiritualidad de algunos pacientes un intento de ganarse el favor de Dios a través de una estricta observancia, una ascesis extrema o una posición dogmática extremista, para mantener aplacado al Dios que «permitió los abusos», y verse libres de otros castigos ulteriores.

Los problemas más frecuentes suelen estar relacionados con la reversión del locus de control, el apego al perpetrador y el pensamiento mágico del niño traumatizado. Pueden incluir:

- El cuestionamiento existencial de un Dios benevolente o de un universo amigable.
- La proyección y las atribuciones de Dios como castigador, debido a la culpa de la víctima y su internalización de la maldad.
- El desplazamiento hacia Dios o el universo de los sentimientos de traición, rabia o ira contra el abusador parental, en forma de agnosticismo, ateísmo radical o militante actitud antirreligiosa extrema.
- La proyección de la indefensión aprendida en Dios, como *conseguidor universal* (Dios me sacará de mis problemas) o como *perpetrador* (si Dios lo ha permitido, yo no puedo ni debo hacer nada para escapar de esto).
- Creencias de castigo o penitencia por los propios pecados, las vidas pasadas o las deudas kármicas (debido al karma pendiente).
- El abuso es la prueba de la inexistencia de Dios (agnosticismo o ateísmo).

- Fijación y proyección del trauma sobre otras causas tras-cendentes vicarias (militancias animalistas, ecológicas o ambientales: *salvar las ballenas, la Antártida o la Amazonia es como salvarme a mí*).

- Posición existencialista o nihilista (la falta de sentido de los abusos que sufrí prueba que nada tiene sentido y que todo es absurdo).

- Posición de indefensión kármica inconsciente (lo que me pasó lo elegí yo para aprender lecciones o para saldar karma con mis familiares en una vida pasada).

## Experiencias espirituales en la zona T habitualmente contadas por los pacientes

En el proceso de acompañamiento terapéutico, el objetivo no es nunca validar o cuestionar la realidad o irrealidad de las experiencias espirituales del paciente, sino adoptar una perspectiva fenomenológica, aceptando que son experiencias que el paciente ha tenido en verdad y ante las cuales priman la neutralidad terapéutica y el respeto absoluto del psicoterapeuta.

Dicha neutralidad no significa aceptar o validar las alucinaciones o el comportamiento delirante, agresivo, claramente psicótico del paciente, que debe ser identificado como tal y cuestionado y reconducido mediante la correspondiente estabilización.

La neutralidad tampoco significa negar de un modo dogmático todas las experiencias en zona T como meros delirios o experiencias psicóticas.

Muchos pacientes informan de una variedad de experiencias espirituales significativas y válidas a lo largo de sus vivencias traumáticas, tanto durante la infancia como después, a lo largo del tratamiento del trauma generado.

Pueden ir desde la percepción de la presencia de Dios, del universo, de los ángeles guardianes, de un familiar difunto, guías espirituales, santos o figuras religiosas de diverso tipo, hasta contactos con seres espirituales de otras dimensiones.

La conexión suele incluir la actitud consoladora de dichos seres benevolentes, con palabras reconfortantes y de seguridad, palabras de ánimo porque *van a estar bien, van a recibir cuidado, protección* o *amor.*

En muchos casos la experiencia no se presenta con palabras o mensajes, sino que consiste en una sensación, una presencia, que aporta calma, paz, esperanza y alivio.

En muchos casos la conexión es visual y en otras, meras sensaciones de que alguien se encuentra ahí.

En ciertos pacientes también aparecen alguna vez ataques espirituales o la experiencia de ser bombardeados o atacados por seres malevolentes u oscuros. Dichas experiencias pueden ser visuales o sensaciones de presencias.

La mentalidad occidental común suele ser muy escéptica respecto a experiencias que pueden llegar a ser vivencias muy comunes en otros entornos, culturas o tradiciones espirituales de muchas partes del mundo. Mucha gente toma algunas de estas experiencias con gran suspicacia, desde un paradigma netamente parcial, etnocéntrico, considerándolas meros artefactos producidos por la mente o el cerebro.

Para muchas tradiciones espirituales nativas de todo el mundo, en América, África, Asia u Oceanía, es bastante normal el entrar en un estado alterado de conciencia mediante ritos de iniciación o rituales de todo tipo.

Incluso la tradición cristiana occidental de corte pentecostal insiste en la experiencia de posesión o trance espiritual (estado alterado de conciencia) por parte del Espíritu Santo como base de la iniciación religiosa (bautismo en el espíritu).

Como psicólogo, mi práctica y mi recomendación es siempre mantener la actitud prudente y no dogmática de respeto y *ser NO directivo* en relación a la fe del paciente y a la interpretación de los hechos o experiencias de su propia espiritualidad.

Decidir si las experiencias espirituales que tiene el paciente de consuelo, alivio o confort o de ataque psíquico externo y extremo son o no son literales, o si son o no facetas simbólicas de una experiencia de corte psicológico, no es tarea del profesional que acompaña a la persona traumatizada. No se trata de juzgarlas, validarlas o desecharlas. Se trata de acompañar al paciente en ellas.

El papel del psicoterapeuta consiste en acompañar al paciente y ayudarle a encontrar su propia interpretación y comprensión, así como la integración de sus experiencias (también las de corte místico o espiritual), siendo la única excepción la ya comentada anteriormente del comportamiento peligroso o agresivo de tipo delirante o paranoide.

El discernimiento profesional de estos casos requiere gran prudencia y experiencia terapéutica y, en caso de duda, conviene siempre acudir al contraste de otros colegas y a la supervisión profesional.

## ¿Resignarse al poder supremo (la voluntad de Dios) *versus* responsabilidad personal?

Aceptar lo ocurrido optando por resignarse a la voluntad de Dios o del universo o luchar y reaccionar contra ello es un dilema que aparece con mucha frecuencia como problema de interpretación del significado existencial del trauma.

El dilema que viven: resignarse y aceptar lo que les ocurrió o rechazarlo.

En relación a esto hay un concepto muy extendido en muchas tradiciones espirituales: *todo cuanto nos ocurre está puesto ahí para nuestro bien y hay un designio divino o cósmico que explica por qué ha ocurrido.*

La aceptación y la resignación a lo que nos trae la vida como experiencia está en el núcleo de la vivencia espiritual de muchas personas, tanto de las que pertenecen a religiones organizadas como de las que no.

El enfoque terapéutico de la cuestión del trauma no excluye, en mi opinión, poner la confianza en el poder providente de Dios o del universo a la vez que se asume la propia responsabilidad ante el trauma.

Al paciente debe recordársele que no eligió los abusos, ni ser traumatizado y que no fue responsable ni culpable de ellos. No pudo evitarlos.

Sin embargo, el principio de responsabilidad personal debe llevarle a considerar que *ahora sí puede* adoptar decisiones para erradicar las consecuencias del trauma y a favor de su recuperación.

*No elegiste ser una víctima, pero ahora puedes elegir dejar de serlo.*

La fe en un Dios amoroso o en un universo ordenado y benevolente o providente no es, en mi opinión, incompatible con la responsabilidad personal del paciente para salir adelante y curarse.

*No elegimos las cosas malas que otros, en uso de su libertad, eligieron hacernos, pero podemos elegir hacer hoy las buenas cosas que conducen a nuestra recuperación y sanación.*

Desde este enfoque (no directivo y ajeno a los juicios morales o a los prejuicios) prevalece el trabajo terapéutico de inclusión de la perspectiva espiritual dentro de la recuperación total e integral del paciente.

El crecimiento y la maduración de la experiencia traumática familiar de origen permite encontrar un sentido existencial a ella e integrarla dentro de una visión del paciente de sí mismo, de los demás, de Dios o del universo, que le permita seguir adelante con su vida del modo más adaptativo y funcional posible.

Preguntas que pueden ayudar a estas reflexiones:

- ¿Cómo interpretas esta experiencia que has tenido?
- ¿Cómo encaja esta experiencia en tus propias creencias?

- ¿Qué dice de ti, del mundo y de los demás esta experiencia?

- ¿Cómo integras lo que has vivido en tu vida corriente de todos los días?

## La reconducción y transformación del trance disociativo en formas socialmente aceptables para el paciente

Para sobrevivir, las víctimas del trauma intrafamiliar pueden desarrollar respuestas disociativas que siguen el patrón de las siguientes secuelas negativas y disfuncionales:

- Trastornos de conversión.
- Trastornos somáticos.
- Trastornos disociativos (múltiple personalidad, *alters*, etc.).
- Trastornos límite.

Debido a la disociación, se convierten en individuos «experimentados en» y «propensos a» entrar con gran facilidad en todo tipo de trances.

Para ellos es más fácil lograr los estados disociativos comúnmente descritos por la antropología cultural y por la psicología como estados alterados de conciencia (EAC).

Tradicionalmente estos EAC eran reconducidos con la ayuda de la espiritualidad, los chamanes, los curanderos o los representantes y guardianes del mundo espiritual de las tribus humanas.

En nuestro moderno mundo occidental la falta de disponibilidad de dichas prácticas terapéuticas tradicionales dentro del *mainstream* científico deja huérfanas a muchas personas traumatizadas, que no encuentran el modo técnico de reconducir de una forma funcional y socialmente aceptable sus tendencias disociativas y su facilidad para entrar en un EAC o trance.

El proceso de terapia puede y debe incluir la reorientación de los estados disociativos, desde sus manifestaciones socialmente más disfuncionales e inaceptables hasta otras más funcionales y aceptables.

Se puede llegar a usar los EAC para la curación del sujeto traumatizado.

Si se hace de un modo correcto, estos sujetos seguirán pudiendo entrar en estados disociativos, con la ayuda y supervisión del terapeuta, pero aprendiendo a hacerlo de un modo socialmente aceptable e integrativo, beneficioso para ellos.

La reorientación de los estados disociativos más disfuncionales me parece cada vez más esencial, para que los pacientes más traumatizados integren tanto sus experiencias disociativas o EAC, como sus capacidades de disociación de un modo que les resulte ventajoso.

El psicólogo Erickson y otros muchos psicoterapeutas abogaron por la utilización del trance como herramienta para superar las limitaciones de los sistemas de creencias bloqueantes, realizar sugestiones indirectas y producir la reorientación del paciente desde la aparente desorientación inicial.

La utilización del trance y de los estados disociativos del Yo permite acceder al potencial inmenso de curación de la mente inconsciente del paciente.

Este aspecto terapéutico del trance contribuye a superar las limitaciones de los sistemas de creencias distorsionados del paciente traumatizado y hacerle receptivo a otros patrones y modos de funcionamiento mental distintos, que le ayuden a salir adelante.

Diferentes estados de trance espiritual permiten acceder a los niveles más profundos y provocar el cambio o *metanoia* del sujeto.

Las técnicas de sofronización, hipnosis o inducción al trance profundo vehiculan el acceso a un funcionamiento distinto y no ordinario de la mente, que puede ayudar al paciente a acceder a un material inédito y espectacularmente sanador de su parte más inconsciente.

## El perdón y su significado en psicoterapia

Hay que tener mucho cuidado con la palabra «perdón» cuando se trabaja con víctimas del trauma.

En décadas de asistencia a las víctimas de traumas de todo tipo, he recibido a muchas que acudían culpabilizadas por terapeutas y *coachs* que les habían forzado a perdonar a los abusadores como requisito para curarse. Forzadas a ese perdón, la mayoría de ellas no sentían que pudieran ni que quisieran emprender ese camino. Muchas se sentían revictimizadas por ello.

El perdón del abusador está a la orden del día en foros, chats y libros de autoayuda que tratan del trauma.

Por eso, ante todo es imprescindible clarificar de qué estamos hablando exactamente cuando nos referimos al perdón.

Mi perspectiva respecto al perdón es que perdonar al abusador no es, desde luego, sinónimo de condonarlo, validarlo, decir que estuvo bien lo que hizo, o que ya no importa lo que ocurrió.

Tampoco creo que el perdón signifique olvidar o dejar pasar las cosas que ocurrieron.

Aún menos significa la obligación de tener contacto con el maltratador, y no digamos la obligación de quererle o de cuidarle.

Nada de esto entra en mi perspectiva del perdón en el trabajo con las víctimas.

Para mí el perdón significa literalmente un proceso que *resulta de* la curación del paciente, por el cual finalmente la víctima saca el abuso y al abusador de su mente y de sus neuronas.

Desde esa perspectiva, el perdón supone la liberación final del paciente de todo vínculo con el perpetrador.

## El odio es un veneno que tú bebes para que le haga daño a otro

El odio termina encadenando al paciente traumatizado a quien abusó de él.

Es crucial ayudar al paciente que sufrió abusos a escapar del trance disociativo que le lleva a vivir continuamente en el pasado y *que le lleva* a experimentar dolorosos *flashbacks*.

El odio se convierte en una cadena de *flashbacks* que hipoteca la atención y la emoción y que bloquea la totalidad de la energía del paciente ante el trauma.

Los *flashbacks* no se curan con el perdón, sino mediante las técnicas de desensibilización y reprocesamiento ya comentadas.

El odio de la víctima la desgasta interiormente, pues toda una formidable energía emocional y atencional se centra en el abuso y en sus secuelas.

No basta con proponer al paciente un tipo de perdón intelectual y voluntarista.

Sin la comprensión y aceptación previa de su propia inocencia, la desactivación de sus mecanismos de defensa y la desensibilización y el reprocesamiento de sus síntomas postraumáticos, no sirve de nada exigir a la víctima el perdón del abusador.

Ello no conduce más que a las racionalizaciones más inefectivas y la revictimización encubierta.

Dicho enfoque simplista de tantos *coachs* y psicólogos ignora la Psicología del Trauma y sus exigencias de rehabilitación real y efectiva de las víctimas antes de abordar el perdón.

Frente a él se impone el más contundente de los rechazos.

## SILENCIO Y REFLEXIÓN PARA TU RECUPERACIÓN
### El perdón ante el maltrato y los abusos psicopáticos
(Tomado del grupo de Facebook Comunidad Zero)

Cada vez veo a más gente que no sabe nada de trauma psíquico recomendar el perdón de los agresores como forma de sanar. Esto es falso.

El consejo parece caritativo y bien intencionado (muy *new age*), pero oculta un fraude intelectual a las víctimas que estas no siempre están en disposición de detectar ni menos aún de rechazar.

Os doy mis siete argumentos:

1. No se debe recomendar el perdón antes de sanar ninguna herida. Hacerlo es sencillamente poner el carro delante de los bueyes, creyendo que ello curará a la víctima. No es cierto en absoluto. El perdón del agresor es el resultado y no la causa de la curación psicológica. Pretender que perdonar cura el trauma es pretender que un efecto produzca una causa.

2. Perdonar a quien sigue maltratándote es darle una nueva oportunidad para que te siga haciendo lo mismo, sabedor este de que no le vas a poner límites y que basta con esperar a que lo vuelvas a perdonar.

3. En general, los maltratadores habituales, los *psychos* o los narcisistas malignos jamás piden perdón. Tampoco reconocen o aceptan su responsabilidad por el daño que te hacen. La recomendación de perdonarlos pone a la víctima en el peligro del «eterno retorno» de los psicópatas, con su capacidad de enganchar de nuevo a sus víctimas una y otra vez.

4. Las condiciones para perdonar a alguien son:

   a. Que reconozca su error.
   b. Que sienta verdadero arrepentimiento.
   c. Que proponga no hacerlo más.
   d. Que lo exprese y se comprometa verbalmente.
   e. Que lo cumpla y repare el daño.

Generalmente, los psicópatas integrados no suelen cumplir ni siquiera una de ellas. Los maltratadores crónicos y los narcisistas tampoco.

5.  Se propone a las víctimas que consideren a los maltratadores maestros que les enseñaron «lecciones de vida». Para nada es así. Los maltratadores solo buscan un interés egoísta. Considerarlos «maestros de vida» no solo es un fraude, sino una revictimización del maltratado. Las «lecciones de vida», en caso de darse, no se aprenden gracias al maltrato sino a pesar de este.

6.  Normalmente, las personas que se apresuran a perdonar no quieren enfrentar la dura y amarga realidad de que seguramente son víctimas del problema que yo he denominado en mis libros el «apego al perpetrador» y, por lo tanto, ocultan tras ese perdón un mecanismo de defensa para no tener que terminar de una vez con una relación tóxica.

7.  Muchos *coachs*, *curanderos*, gurúes *new age*, sanadores o incluso psicólogos que pululan por la red, a falta de conocimientos para aplicar las técnicas para curar el trauma, recomiendan este remedio casero del perdón. Les aconsejo que vayan y aprendan a curar y tratar con tecnología el trauma en lugar de recomendar los remedios de la abuela y que dejen de revictimizar a las víctimas exigiéndoles un perdón que no quieren, ni pueden otorgar mientras no estén curadas.

FORZAR A LA VÍCTIMA AL PERDÓN SIEMPRE ES PERVERSO Y, A VECES, CÓMPLICE.

NADA DE PERDONAR.

CURARSE, SÍ.

PONERSE A SALVO, SÍ.

CONTACTO CERO por siempre jamás.

Tras la recuperación afectiva y efectiva del daño postraumático de la víctima, el perdón de un abusador o maltratador narcisista o psicopático (que vive de una patológica necesidad de suscitar daño y sufrimiento psíquico en su víctima) corta su suministro energético y rompe la cadena alimenticia del vampiro psíquico que es.

Perdonar consiste entonces en interrumpir esa continua atención agresiva hacia el abusador y quedar libre emocionalmente de él.

Trabajamos en torno al perdón del acosador no por el agresor, sino para liberar a la víctima de la cadena de contra-dependencia psíquica que suele continuar vinculándola con sus abusadores muchos años después de haber terminado los abusos.

Si ya finalizó el abuso, sacando de sus neuronas el odio, dispondrá de toda su energía, anteriormente congelada y focalizada por este, y podrá canalizarla hacia otros proyectos vitales más productivos.

Después de salir del daño psíquico postraumático es importante pasar página mediante estas declaraciones interiores:

- Se acabó, soy capaz de desvincularme de la cadena que me ataba.
- Nadie me debe nada, ni yo me debo nada por lo que ha ocurrido.
- Ahora sigo por mi camino sin lastres ni cadenas emocionales que limiten mi libertad, mi felicidad o mis relaciones.

Con esto se completa el proceso liberador de la víctima, que produce la respuesta compasiva, comenzando por ella misma y alcanzando solidariamente a otros que, como ella poco tiempo antes, aún luchan por liberarse de las cadenas.

La formidable energía y el bienestar interior que experimenta ahora son la señal inequívoca de que ha dejado de ser una víctima y ha sobrevivido finalmente al abuso familiar zero y a las secuelas que condicionaban su vida y sus relaciones con los demás.

Este libro se terminó de escribir en la isla de Gran Canaria
el 2 de febrero de 2020,
día de la Luz y de la Virgen de la Candelaria,
patrona de las islas Canarias.
*Laus Deo Virginique Matri.*

# Otros libros del autor

*Mobbing: cómo sobrevivir al acoso psicológico en el trabajo*, Sal Terrae, Santander, 2001. Existe versión e-book kindle de Amazon.

*Mobbing: manual de autoayuda*, Aguilar, Madrid, 2003.

*Neomanagement, jefes tóxicos y sus víctimas*, Aguilar, Madrid, 2004.

*Test AVE. Acoso y violencia escolar*, Tea, Madrid, 2006.

(Con Araceli Oñate) *Acoso y violencia escolar en España*, Informe Cisneros X, Ed. IIEDDI, Madrid, 2007.

(Con Araceli Oñate) *Mobbing escolar. Acoso y violencia escolar contra los niños*, Ceac, Barcelona, 2007.

*Mi jefe es un psicópata. Por qué la gente normal se vuelve perversa al alcanzar el poder*, Ed. Alienta, Barcelona, 2008. Existe versión e-book kindle en Amazon.

*La dimisión interior. Del síndrome post-vacacional a los riesgos psicosociales*, Pirámide, Madrid, 2008.

*Mobbing: el estado de la cuestión. Todo lo que siempre quiso saber sobre el acoso psicológico y nadie le explicó*, Gestión 2000, Barcelona, 2008.

*Liderazgo zero. El liderazgo más allá del poder, la rivalidad y la violencia*, LID, Madrid, 2009 (ganador del Premio Everis 2008). Existe versión electrónica.

*Por si acaso te acosan: 100 cosas que debes saber para salir del acoso psicológico en el trabajo*, Códice, Buenos Aires, 2013. Existe versión e-book kindle en Amazon.

*La Evaluación del mobbing. Cómo peritar el acoso psicológico en el ámbito forense*, Sb, Buenos Aires, 2015.

*Amor Zero. Cómo sobrevivir a los amores con psicópatas*, La Esfera de los Libros, Madrid, 2016.

*Tratamiento EMDR del mobbing y el bullying*, Eos Psicología, Madrid, 2016. Existe versión e-book kindle de Amazon.

*Las 5 trampas del amor. Por qué fracasan las relaciones y cómo evitarlo*, La Esfera de los Libros, Madrid, 2017.

*Las 100 claves del mobbing. Detectar y salir del acoso psicológico en el trabajo*, EOS, Madrid, 2017.

(Con Óscar Cortijo) *Cómo prevenir el acoso escolar: implantación de protocolos antibullying en los centros escolares*, CEU, Madrid, 2017. Existe versión e-book kindle de Amazon.

*Psicoterapia Zero: Tratamiento psicológico de las víctimas del trauma complejo post-psicópatas*, Madrid, EOS Psicología (en preparación).

# Datos de interés

**Instituto Iñaki Piñuel**

El Instituto Iñaki Piñuel tiene sede en Madrid (España) y está también presente a través de sus profesionales asociados en México, Argentina y otros países de América a través de sus centros asociados.

Este equipo de psicólogos dirigidos por el profesor Dr. Iñaki Piñuel ofrece tratamiento psicológico especializado y consultas on line para las víctimas del Amor Zero utilizando un enfoque bimodal con base en la técnica EMDR y la psicoterapia cognitivo-conductual.

Se trata de un equipo especializado desde hace 25 años en el tratamiento de las víctimas de psicópatas integrados, en relaciones de pareja (Amor Zero), en el trabajo (*mobbing* o acoso psicológico laboral) y *bullying* (acoso escolar).

E-mail: Dr@inakipinuel.com
Teléfono de cita: (+34) 91 172 9036
Consulta *on line* a través de *www.psicoterapiazero.com*

Otras web del autor:
*www.inakipinuel.com*
*www.amorzero.com*
*www.acosopsicológico.com*
*www.acosoescolar.com*

## Comunidad Zero (grupo de autoayuda de Facebook)

Es un grupo en Facebook creado por el Dr. Iñaki Piñuel dedicado a la ayuda mutua para víctimas de psicópatas integrados. Se trata de un espacio para compartir experiencias, textos personales o comentarios desde el respeto y la intención de ayudar a otros sobre experiencias con psicópatas integrados en relaciones de pareja (Amor Zero).

Es necesario solicitar la adscripción al grupo y ser dado de alta por los administradores por ser un grupo cerrado.

## Canal YouTube: Dr. Iñaki Piñuel

Canal especializado en la divulgación de todo lo referente a los problemas de acoso y a las relaciones con psicópatas integrados.

## Psicoterapiazerø.com

Se trata de una plataforma especializada en el tratamiento del acoso psicológico, las relaciones tóxicas, las víctimas del amor Zerø, de las familias Zerø y de los psicópatas integrados.

PSICOTERAPIAZERØ.COM tiene como misión ofrecer psicoterapia especializada y *coaching* específico a las víctimas de psicópatas integrados, personalidades narcisistas y otras relaciones tóxicas (Amor Zero, *mobbing*, *bullying*). La experiencia profesional del profesor Dr. Iñaki Piñuel y Zabala, psicoterapeuta, investigador y pionero en la divulgación del acoso psicológico y de las relaciones psicológicas tóxicas, y la de un equipo profesional de expertos, te ofrecen desde PSICOTERAPIAZERØ.COM la posibilidad de ayudarte a recuperarte de tus relaciones tóxicas y del trauma relacional generado.

En PSICOTERAPIAZERØ.COM desarrollamos una tecnología de curación real, eficaz y breve basada en el éxito acreditado durante más de veinticinco años tratando a víctimas de acoso, *mobbing*, amor Zero y otras relaciones tóxicas, con un alto nivel de especialización en los cuadros postraumáticos generados por estos traumas relacionales. Frente a la ideología, el amateurismo y las malas praxis habituales en el tratamiento de las víctimas, en PSICOTERAPIAZERØ.COM dispones de las tecnologías más innovadoras y acreditadas en la evaluación y el tratamiento del trauma psíquico relacional.